知恵

真人への道

越前　喜六 編著

教友社

巻頭言

現代人の知恵と情報

イエズス会日本管区管区長　デ・ルカ・レンゾ

多くの人々の協力によって、今年も本を出すことができました。心から感謝いたします。今年は『知恵』をお届けしたいと思います。同時に、今までのようにこれからも、皆様が「知恵を貸して」くださるよう心からお願いします。

最近、情報が大事にされています。情報が「売り物」にもなる時代です。そのおかげで、頻繁に情報流出などによって、大きな騒ぎになり、莫大な損失につながります。振りかえってみれば、現代のみならず、情報とそれに伴う知識は昔から大事にされてきました。天気、自然の動き、月食など、一般人が知らない事柄を知っている人が尊敬されてきました。それに関して現代に特徴があるとすれば、情報の速度にこだわることでしょう。しかし、素早く手に入れた情報が必ずしも正しいとは限りません。逆に、情報が早いからこそ、前にはあり得なかった詐欺などが増えてきました。

やはり、昔と同じく、情報を識別する能力、つまりそれを取り扱う知恵が必要です。その能力の一部は機械に任せてもいいものの、情報がそれを扱う人間にとって良い影響を与えるか、それとも損害を与えるかは、人が識別しなければなりません。その点、情報の速度に対して、その情報が与える影響の分析が追いつかず、ますます識別しにくくなりました。

結局、どの時代にも、情報の取り扱いには知恵が必要だと言わざるを得ません。おそらく、情報社会と言われるほどの現代の後、その情報の扱い方、分析、または、知恵をもって物事を判断する時代が来ると私は期待しています。そうであるとすれば、今からもその準備をする意味でもこの本を通してお届けする知恵が役立つでしょう。やはり、時代が変わっても永遠である知恵は欠かせないものであり、私たちはいつもそこに戻る必要があります。

今年は、令和元年、新天皇を迎えたり、教皇来日を期待したり、来年のオリンピックを準備したりして時代の変化を感じます。このような時だからこそ、知恵を持って過ごすことが大切でしょう。この本がそのために役立てば幸いに思います。

二〇一九年六月二日　主の昇天の祭日

まえがき

人という存在はみな、潜在的な知恵を持って生まれてくる。六〇兆といわれる身体の細胞一つひとつに遺伝子があるが、それは英語でDNAという。「それはDivine Natural Awareness（聖なる自然な気づき）の頭文字をとったものだ。意味は、ひとは誰でも、宇宙がそれぞれの魂に刷り込んだ智恵のすべてをもって生まれてくる。その智恵はあらゆるもののDNAに刻まれているのだ」（N・D・ウォルシュ著『神へ帰る』サンマーク文庫、二〇一二年、二九頁）という。それを人生の過程におけるさまざまな学習や出会いや修行や仕事や活動などの営みの中で、想い出し、経験し、感得し、気づくとき、人は神性の参与者であることがわかり、賢い智者となって、永遠の救いを享受することができるようになるのではないだろうか。

すべての人がそうなるために、創造主なる神は、御子イエスをキリスト（救い主）としてこの世にお遣わしになられたのである。だから、主イエス・キリストが創立された教会は、人々が主イエス・キリストを信仰し、その教え、すなわち福音のメッセージに帰依するようにと宣教し、伝道しているのである。それによって、人は神と出会い、その交わりに加わることができるようになるからにほかならない。こうした神との出会いや救い主キリストへの帰依（信仰）のお陰で、人は自己が神の似像であり、分身であり、その顕現であるという尊厳に目覚めることができるようになるのである。これが魂の救い、換言すれば、「神の家」（黙21・1―4参照）に帰るという永遠の生命ではないだろうか。こうした人間にとって最も重要な課題に、少しでも応答することができるようにと企画されたのが、今回の「知恵」という主題である。

執筆者は、主にイエズス会というカトリックの一修道会のメンバーであるが、プロの作家ではない。が、彼らの多くはキリスト者であり、司祭（神父）であり、学者であると同時に、日々の生活や活動の中で、真摯に自己の魂の救済のために、また人々の魂の救済のために、修道の道を歩んでいる求道者《ぐどうしゃ》たちにほかならない。彼らは、その体験や研究や実践から得られた知見をもとに、論考を率直に展開しておられる。読者各位が、本書を読むことによって、ご自身の真実に少しでも気づかれるならば、編者としては最高の喜びである。

二人の会外の著者にもご執筆を依頼したが、髙山貞美師は名古屋市にある聖心会《みこころかい》の神父で、上智大学神学部の教授である。長年の編者の知己であるが、多忙な役職にありながも執筆を快諾された。紙上を借りて感謝申し上げたいと思う。もう一人の執筆者、粟谷良道師は、曹洞宗の僧侶で、駒澤大学の教授をなさっておられる。「禅とキリスト教懇談会」という五〇年以上も継続している霊性交流の会合があるが、その会員でもある。編者とは、その会を通じて長年の親交があるが、ご多忙にもかかわらず仏教の立場から玉稿をお寄せくださった。心から御礼申し上げたいと思う。

本書は、従来の刊行書と同じく、学術的な書物ではない。わかりやすく読めるよう、エッセイ風の書き方をお願いしてあるけれども、内容が知恵という高尚なテーマなので、寝っ転がって読むというわけにはいかないかもしれない。お好きな箇所からお読みになれば、益するところ少なくはないと確信している。

目次に従って、簡単に内容をご紹介すると、まず越前喜六師の「知恵の人間学」は、筆者の専攻するキリスト教的人間観に基づき、人の魂には叡智の種子、すなわち生得的な知恵が宿っていると説く。

角田佑一師は、上智大学神学部の教員として、専門の神学の見地から、パーソナルな神（父と子と聖霊の三位一体）における知恵がどういうものであるか、折り目正しく説いておられる。

髙山貞美師は、キリスト教の教典である聖書、特に創世記・ヨブ記・マタイによる福音書そしてパウロの手紙の中に、知恵のありかを訊ねており、興味深い論考である。

梶山義夫師は、前イエズス会管区長であるが、福音書と教皇フランシスコの使徒的勧告『福音の喜び』を基に、知恵というものは人間を愛する霊にほかならないと論じ、説いている。これが主イエス・キリストとして現れた。この辺りの神秘をわかりやすく解説しておられる。

デ・ルカ・レンゾ師は、アルゼンチン人でイエズス会の現日本管区長であるが、キリシタンの専門家でもあるので、キリシタンの歴史や文化だけでなく、世界遺産にもなった潜伏キリシタンの遺跡に関しても精通しておられる。本稿はキリシタン時代の知恵に関して展開された興味深い論考である。

ホアン・アイダル師は、アルゼンチン人で上智大学神学部の教授であるが、哲学を専攻しておられる。が、ユダヤ教にも精通しておられ、ユダヤ教の知恵として『タルムード』という古典的文献を駆使しながら、彼らの知恵には天上と地上をつなぐものがあり、それが経済と宗教的知恵なのだという。非常に興味深い論考ではないかと思う。

長町裕司師は、上智大学文学部哲学科の教授である。その豊富な知識や知見を駆使しながら、「華やぐ智恵?・」という美的なセンスに満ちた、霊性へと超出していく智恵とは何かを論究しておられる。少し難解であるが、精読されれば、著者のいう趣旨が理解されると思う。

タッド・ゴンサルベス師は、インド人で上智大学理工学部の教授であるが、人工知能やロボット関係の研究に優れている。彼は、人口知能といわれるロボットに、いかにして人口知恵を与えることができるかという画期的な研究をされているので、その成果が注目される。今回、本書のために、その一端を披瀝しておられる。

プテンカラム・ジョンジョセフ師は、インド人で、現在上智大学大学院地球環境学研究科の教授である。インド人の知恵に関し、多くの論考が考えられるが、エコソフィアというインド人の叡智について、興味深く論じておられる。

ルカ・ルサラ・ル・ヌ・ンクカ師は、イエズス会士でアフリカのコンゴ共和国の出身であり、大学の教授であるが、現在、上智大学総合グローバル学部の学生のために、アフリカの歴史、政治、経済、文化、宗教などについてビズティィング・プロフェッサーとして講義をされている。この機会を利用し、アフリカ人の知恵に関して執筆を依頼したところ、快諾され、優秀な上智大学の学生の小山祐美さんが原文のフランス語からきれいな日本語に翻訳された。紙面を通して感謝を表したいと思う。そして、アフリカ人の知恵を「平和と喜びをもたらす賢い生き方」と表現することにして題名とした。

粟谷良道師は、前にご紹介したが、曹洞宗の僧侶として、仏教の立場から、仏教の知恵がいかにして日本人に受容され、その思想と生活に浸透しながらも、仏教自体も変容していったかの過程を興味深く論述されておられる。キリスト者として学ぶところが多かった。改めて深謝したいと思う。

以上、ごく簡単に著者の諸先生方の論考を、編者なりにご紹介申し上げたが、改めて著者各位に感謝の意を表したいと思う。ありがとうございました。合わせてこれからのご活躍をもお祈りしたいと思う。

最後に編者として「読書」の大切さについて少し述べたいと思う。編者（私）の実家は、文房具関係の販売を兼ねた書店であったが、東北地方の町としては学校の教科書を販売する認可を受けていた関係で、比較的大きなお店であった。大家族で十人兄弟姉妹（男八人、女二人）の末っ子の私は、当時、何の楽しみもないので、お店に入荷される講談社などの出版社の新刊書を親の目を盗んでは、炬燵に入り、こっそり読んでいた。親父に見つかると、本を読んで遊んでいるんじゃない、お店の手伝いをしろと叱られたものだ。昔は、本を読むことは娯楽と考えられていた。しかし、親が生きている時には、隠れて書物を読んでいたが、小学四年生のときに父親が死去したので、それからは店を継いだ兄嫁の目を意識しながらも、新刊書を濫読した記憶がある。読書しか楽しみがなかったからだ。

何を言いたいかというと、生得的な知恵に目覚める方法としては、瞑想は別として、読書にまさるものはないだろうと思うからである。わたしは、旧制の中学生のときでも、姉から貰ったキリスト教関係の書物を愛読していたので、受洗の前にすでにキリスト教の要理については知っていた。それで、新制高校の一期生として卒業した後、兄が長野市で経営していた信友社という出版社で働くことになった。当社は、戦後の荒廃と空白の時代に生きる道しるべを喪失している若者を対象に、彼らを助けるための雑誌や書籍を出版していた。一年後、東京の神田淡路町に一間を借りた兄は、わたしを出張所長として送り込んだ。本社は長野市で依然、兄が社長として采配を振るっていた。雑誌や書籍の出版という、いわゆるジャーナリストの仕事には、知恵や信念やヴィジョンというものが、極めて重要なことはいうまでもない。が、今日のジャナリズムにはそれらが欠けているように思える。しかし、戦後の出版人やジャーナリストは、それなりの見識を持っていた。

神田で自炊をしながら、八畳一間の二階部屋で、四年間雑誌の編集と書籍の企画・出版に携わっていたが、戦後の貧しく、かつまだGHQの占領下にあった時代にもかかわらず、毎日が楽しく面白かった。それは今から思うと、多くの知識人、作家、詩人、学者、マスコミ関帰者などと、名刺一枚で会えたことだろうと考える。その時、いろいろと面白いお話しを伺えたのは、子どもの時に、たくさんの書物を読んでいたからだと思う。そのお蔭で、先生方のお話しをただ受け身で伺うだけではなく、わたし自身の意見や希望なども自由に述べることができたからではないかと思う。その意味で、人は人間であるかぎり、「知は力なり」

（英国の哲学者、フランシス・ベーコン）で、知識や知恵を豊かにしていかなければならないだろう。それには読書に優る手段はないと考える。

本書が、少しでも人々の役に立つことができれば、これに優る幸せはない。著者の先生方に深謝しながら、同時に読者の皆様に幸多かれと祈る。

令和元年九月二〇日

編著者

目次

知恵の人間学——知恵なくしては救われない

越前　喜六

人は神の似像として神の子とされた

わたしが都内にある某大学の専任教員となったのは、一九六九年の春であった。丁度、学園紛争が荒れ狂っていた時期であった。担当科目は宗教学であった。どうなることかと心配したが、学生たちは案外冷静で、宗教に関しても興味を示す学生が少なくなかったので、張り切って授業ができたことは幸運だったと思う。さて、その大学は、キリスト教カトリックの一修道会、イエズス会の経営する大学であったので、建学の精神は、叡智〈ギ〉ソフィア、〈ラ〉サピエンティア）に基づく、「他者のために他者とともに生きる人の育成」という立派なものであった。が、その理念や精神をいかに教科に反映させせるかで、担当教員同士、合宿を重ねたりして、長い間研究や討論を続けてきた。その結果、キリスト教的精神に基づく「人間学」という必修科目を創設した。

この科目の目指す目標は、「人とは何者なのか」というギリシャのソクラテス（前四六九―三九九）以来の哲学的課題を探求することであった。わたしは五十歳（一九七九）の時、大学から在外研究の目的で、半年間、世界を周った。その間、米国の西海岸にあるカリフォルニア州のバークレイにあるＧＴＵ（Graduate Theological Union）で五か月間、聖書の講義に出席して、「人間とは何か」を研究していた。ＧＴＵというのは、当時の米国におけるプロテスタントの諸教派、カトリックの諸修道会の神学院らが緊密に協力して、大学院レベルで神学の研究を理論的にも実践的にも深化・発展させようという進取の気性に富んだ意欲的な取り組みであった。

そこで改めてわかったことは、わたしが「自分とは何者か」という主体的な問いかけにいつも晒されているということであった。異国という環境で、ひとりぽつんとアパートの部屋に終日居るということは、喩えは悪いが、あたかも刑務所の独房にいるようなものであった。留置所の独房は、かつて最高裁判所を訪ねたときに、案内して見せてもらったことがあるので、想像はつく。むろん、毎朝、乾燥した気持ちのよい気候を満喫しながらバークレイの丘で、神のみ言葉を黙想し、椅子坐禅をしながら瞑想はしていたが、自分が何者かを悟るまでは、聖アウグスティヌス（三五四―四三〇）が『告白録』（岩波文庫）の冒頭で書いているような真の安らぎ（平安）を得ることはできなかった。観念的には「わたしが神の似像であり、神の子である」ということが真実であるとは信じていたが、だからといって、その真実を実感するような体験的な智、すなわち悟りがなければ、万事が何となく空しく感じられるのだ。

ちなみに、毎日、サンフランシスコの空は、午前中は霧に覆われているが、昼頃になると雲一つない快晴となる。だから、「Fog is beauty」（霧は美しい）という標語があるのだそうだ。そのように、現世では信仰が一番大切で、信仰によって救われるということを、わたしは間違いなく確信している。霧の中にいても、バークレイに住んでいることには変わりがない。しかし、霧の中に居ると、周りの景色が見えないのである。それが昼頃になると、完全に霧が晴れ、雲一つない紺碧の青空になるのだ。これが毎日の天気なのである。夏でも一五度位で寒いのが難点だが、裏の岡の頂上まで登り、そこから見えるサンフランシスコの都市とその先の太平洋を眺め、眼下にはサンフランシスコ湾が広がっている。こういう素晴らしい景色を眺めていると、悟りの風光もまた神とその世界を観ることだろうということがわかる。

さて、「わたしとは何か」という人生における最も大切な課題に、わたしたち一人ひとりは直面しているのである。それを避けようとしてもできない。なぜなら、人間は神の被造物であるとしても、人形でもなければロボットでもなく、神の子とされた人格〈ギ〉ペルソナ）だからである。人格〈ラ〉ペルソナ）とは、知性と自由（意志）を有する霊的主体にほかならない。だから、一瞬一瞬、主体的に自分の運命を選択し、創造していかなければならない。意識的に自己を創造していくこと、これが人間らしい生き方にほかならない。無意識的にぼんやりと生きている人もまた、それを選び、決断していることになるから、自業自得の法則によって、その結果、「安らぎ」や「喜び」や「自由」が感じられないのも当然である。結果は自分に帰ってくる。だから、結果が思わしくないと感じたら、速やかに選択を変えるがよい。それが幸せになる秘訣なのだ。あるいはそれが広義の回心と言ってもよいかもしれない。

わたしは、すべての善なる行為は、神の先行的な恩恵があって、はじめて可能になる、ということを大学院の神学研究科修士課程の時に、恩恵論の教授から教わった。それに異論はないが、しかし、神の恩恵と人間の自由の間には、緊張関係がある。偉大な神学者、聖トマス・アクィナス（一二二五―七四）は大著『神学大全』の中で、恩恵と本性（自然）との関係について、「恩恵は本性（自然）を前提にして、それを完成する。〈ラ〉Gratia supponit naturam, et perficit eam. グラティア　スッポニト　ナトゥラム　エト　ペルフィチト　エアム）」という命題を主張した。

わたしはこの命題を、以下のように理解してきた。昔の神学では、自然と超自然という用語を使ったが、第二バチカン公会議（一九六二―六五）後は使わなくなった。自然界は自然法則によって運行している。自然法は永遠法という神法に従属してはいるが、ある種の自立性を持っている。だから、聖トマスの命題は、自然（本性）は不完全なので、恩恵によって完全となる、という意味ではなく、自然は自然として完全であり、完璧であるが、それ自体としては神法（超自然界）の世界に組み入れられ、「神化」[1]という究極の実現に向かって成長・発展していくことはできない、という意味ではないだろうか。そうわたしは考える。自然を完成する、と聖トマスが言ったのは、究極的には自然界もまた神とその世界に秩序づけられているが、しかし、両者の合体もしくは合一は、神の恩恵（〈ラ〉gratia, グラティア）によってのみ可能であるという意味ではないだろうか。聖パウロは、その真理をこう表現した。

「すべてのものは、神から出て、神によって保たれ、神に向かっているのです」（ロマ11・36）と。

繰り返すが、神は創造主として、天地万物を創造された。これは過去形ではなく、現在形であるがゆえに、絶えず創造しつつある、と言ったほうが正確だろう。したがって、人間だけではなく存在するすべてのものは、大空や太陽や星々だけでなく、一木一草、小さな虫、魚に至るまで、みな神の表現であり、顕現であり、反映として存在し、動き、生きている。これを聖パウロは、ギリシャのアテネで説教したとき、ギリシャ人の詩人の言葉を引用して言われた。「我らは神の中に生き、動き、存在する」「我らもその子孫である」（使17・28）と。わたしはかつて、アテネのアレオパゴス（神殿の跡がある）の丘を訪ねたことがあるので、感慨深かった。

だから、創造物は本来みな神聖にして善であり、完璧なものなのだ。それを転倒・混乱させ、あるいは正邪・是非・善悪と二元対立的に捉えるのは、人間の分別意識のなせるわざにほかならない。

したがって、神が創造された万物は、ある意味で、それ自体みな神的なものだと言えるのではないだろうか。神は、神であるものによって、神でないものを創造された。それが被造物であると、わたしは受け止めている。「無からの創造」という「無」もまた神だからだ。山上の説教で主イエスは、「心の清い人々は、幸いである、その人たちは神を見る」（マタ5・8）と言われた。それは神秘家だけのことではあるまい。我執に囚われず、無我無心の境地であれば、万物に神を観ることができるのではないだろうか。そのとき、万物はみな、それぞれの本性に基づき完全・完璧だということがわかろう。しかし、宇宙という自然界に存在するものは皆、自然法則に則って、それぞれの本性や本質に基づき、神に依存し、従属しながらも、ある種の自立性を有している。花崗岩は花崗岩だし、梅は梅だし、犬は犬だし、バラはバラだし、鮭は鮭だし、人は人だし、雪のひとひらは雪のひとひらなのだ。

話題は変わるが、神とは何者だろうか。それに挑戦したのが、ヘブライ人のモーセであった。紀元前一三世紀頃、モーセは神に御名を訊ねられた。その問いかけに、神は答えられた。神の名は、「ある」であると。ヘブライ人の預言者モーセ（前一三五〇頃―一二五〇頃）が神の召命を受け、当時エジプトで奴隷の状態にあったイスラエル（ユダヤ人）の民をファラオ王の圧政から解放するよう命令された時、神に向かって「あなたの名前は何ですか？」と訊ねた。その辺りを聖書から引用しよう。

モーセは神に尋ねた。「わたしは、今、イスラエルの人々のところへ参ります。彼らに、『あなたたちの先祖の神が、わたしをここに遣わされたのです』と言えば、彼らは、『その名は一体何か』と問うにちがいありません。彼らに何と答えるべきでしょうか。」神はモーセに、「わたしはある。わたしはあるという者だ」と言われ、また、「イスラエルの人々にこう言うがよい。『わたしはある』という方がわたしをあなたたちに遣わされたのだと。」神は、更に続けてモーセに命じられた。

「イスラエルの人々にこう言うがよい。あなたたちの先祖の神、アブラハムの神、イサクの神、ヤコブの神である主がわたしをあなたたちのもとに遣わされた。これこそ、とこしえにわたしの名、これこそ、世々にわたしの呼び名。」（出3・13―15）

聖書を信じるわたしは、神が「ある」という名前ならば、存在のすべてを意味することになり、前にも述べたように、万物はすべて神の顕現であり、反映なのだ、ということがわかる。言うまでもないが、神でないものは、それこそ虚無なのだ。

もう一つ気づくことは、神がパーソナルな神、すなわち「わたしとあなた」という呼びかけ、応答し合う関係の神ではないかということである。これが三位一体の神を暗示しているが、それには今は触れないことにする。だから、神はモーセに、存在し、創造する神という本性だけでなく、イスラエルの先祖の神でもあるというリアリティ（現実在）をも啓示されたのではないだろうか。そこには、主なる神とイスラエルの人々の先祖であるアブラハム、イサク、ヤコブとの間に「理解し、理解され、愛し、愛される」というパーソナル（位格的）な関係や交わりがあったことが推量されよう。ゆえに、わたしたち一人ひとりと主なる神の間には、親しい個人的な関係や交わりが想定されるのである。

さて、この「ある」つまりヘブライ語で「ヤーウエ」が、日本語では「主」と訳されていると、かつて教わった。だから、「主なる神よ、云々」と言って祈るのである。わたしが好む「主イエス・キリスト、わたしたちを憐れんで下さい、云々」と祈るときには、本当に主(真のパーソナルな神)で、救い主(キリスト)であるナザレのイエスよ、と呼びかけているのである。ナザレ、ベトレヘム、エルサレムと今まで三回、イスラエルの巡礼をしたわたしの体験からも、この名称が懐かしいのである。

キリスト教的人間観の典拠は、聖書にある。

創世記一章によると、「初めに、神は天地を創造された」(1・1)とある。神は光と闇を創造された後、天地万物を順番に創造されていき、最後に人間を創造された。そして、「見よ、それは極めて良かった」(1・31)とある。神は、最後に人を創造なさった時、こう言われた。

「我々にかたどり、我々に似せて、人を造ろう。そして海の魚、空の鳥、家畜、地の獣、地を這うものすべてを支配させよう。」

神は御自分にかたどって人を創造された。男と女に創造された。神は彼らを祝福して言われた。

「産めよ、増えよ、地に満ちて地を従わせよ。海の魚、空の鳥、地の上を這う生き物

をすべて支配せよ。」（1・26―28）

主なる神は、天地万物を創造された後、神ご自身にかたどり、神に似せて人〈へ〉アダム）を創造された、とある。だから、人は神の「似像《じぞう》」である。換言すれば人は、神の子ら、神の親族、神々（ヨハ1・12、10・35、一ヨハ3・1―2、二ペト1・4参照）、神のパート（部分）と呼んでも差し支えないほど、尊く偉大な創造的存在者なのである。が、人は知性と自由を濫用し、神に背き、神から離反して、その神聖さを忘却してしまった。これがキリスト教の原罪説の核心になっている出来事なのだ。けれども、キリスト教カトリックは、人祖の堕罪が人間の本性に根本的な堕落をもたらしたとは捉えていない。悔悛して、罪が赦されれば、元の神聖さを回復すると教える。この真実を主イエスは、「放蕩息子」のたとえ（ルカ15・11―32参照）で極めて的確にお話しになっておられる。わたしはかつて日本テレビの番組「心のともしび」で二年間、お話しさせていただいたことがあるが、視聴者に一番インパクトがあったのは、この「放蕩息子のたとえ話」であった。

自分が継ぐはずの全遺産を貰って家を出た次男は、放蕩生活の限りを尽くして、全財産を無くし、貧困のどん底に陥る。飢えに苦しんだ次男は、われに返って、父の家に帰ろうとする。その姿を遠くから見た父親は、駆け寄ってきて彼を抱きかかえ、家に迎え入れ、立派な衣服を着せ、盛大な宴会を催した。息子は死んでいたのに生き返ったと言って喜び祝う。そこに見られるのは、放蕩する前の息子の姿であった。つまり、父親から見れば、放蕩の前の息子と放蕩後の息子はまったく変わらず、いずれも大切なわが子なのである。これが人類一人ひとりに対する主であり、親である神の愛であり、思いにほかならない。したがって、この喩え話からも、人が本来有していた尊厳は、堕罪後も失われていないことを想い起こさせる。しかし、最も大切なことは、御父がわが子の帰還を喜び、受け入れ、赦し、和解したことである。それによって、次男は完全に救われたからだ。次男の自力と努力だけで、救われたのではない。

さて人は、自分が神の似像であり、神の養子であり、神の家族の一員であるという尊い真実を、生得的な知恵によって悟るとき、永遠の救いを得たことになる。

真の自分が、パーソナルな神と一つであり、充分であり、あるがままで完全・完璧なこと（N・ウォルシュ著『神との対話』③、サンマーク文庫、二〇〇二年、五五九頁参照）を概念的に知り、それが真実だと信じたとしても、ただそれだけでは、まだ救いが完成したとは言えないだろう。わたしは日々信仰により、秘跡によって、神の命に救われていることを信じている。けれども、救いを実体験していない。だから、「救い」に関しては、宙ぶらりんの感じがする。けれども、知恵によって、神の子である真の自己を体験することができれば、完全に救われたと感じるに違いない。それが悟りの知恵であり、それによってこそ救いが完成するのではないだろうか。わたしは、それを願い、望み、祈っているのであるが、「日暮れて道遠し」の感じがする。

知恵とは物事の真実や本質を瞬時にしかも直截に把握する能力

事物や物事の本質が何であるかを、知性の観察と知覚と抽象と推理などによって概念的に認識することが、「知識」といわれる。たとえば、林檎というとき、果物の一種で、日本ならば東北の北、青森県、特に弘前地方で秋頃生産される栄養十分な果物と認識するのは、知識である。認識の仕方には、演繹法と帰納法がある。演繹法とは、第一原理、すなわち神、あるいは論理学の原理から具体的な事象にまで推理してきて、事物の正体や本質を認識するという方法である。帰納法とは、さまざまな現象を観察・分析・比較・総合しながら、事物の本質を認識する方法である。いずれにしろ、対象となる事物や物事や現象が何で、どんな性質を帯び、どのような作用や働きをするのかを知ることが知識で、それは演繹法と帰納法、この両者の相互作用によってもたらされるのだ。

ギリシャの哲学者、アリストテレス（前三八四―三二二）は、外界の現象や事物を五官で知覚した後、知性の思惟・抽象・推理作用によって、事物を形相と質料に分け、その事象の本質や活動や法則を概念的に明らかにしたものが「知識」だという。これに対し、「知恵」と言うときには、少なくても三つ考えられる。

第一に生得的な直観智がある。プラトン（前四二七—三四七）のいうイデア論に近い。人の魂は、イデアの世界に居たので、神も含め、存在する諸事物や諸現象の本質、つまり神界や霊界のすべてをすでに知っていた。その生得的な智を、人は肉体を持ってこの世に生まれる時に、すべて忘れてしまった。それをこの世で「想起」〈ギ〉anamnesis, アナムネジス）することが「知恵」だという。その方法が学習であり、経験であり、学問にほかならない。だから、人は「白紙」状態で生まれてくるのではなく、魂においてすでに前世でさまざまな経験をしてきている。それを想い出すことだ。そう霊能者らは主張していると思う。

第二に、知識の応用力がある。知識をさまざまな状況や具体的な事柄に応じて、活用し、応用することができる能力といえる。ビッグバンを写真で捉えることに成功したというのは、その一例だろう。

第三は、「賢さ」に現れる実践的知恵のことである。その典型的な例が、『箴言』三一章の「有能な妻」の箇所に現れている。少し長いが引用しよう。

有能な妻を見いだすのは誰か。真珠よりはるかに貴い妻を。夫は心から彼女を信頼している。儲けに不足することはない。彼女は生涯の日々、夫に幸いはもたらすが、災いはもたらさない。羊毛と亜麻を求め、手ずから望みどおりのものに仕立てる。商人の船のように、遠くからパンを運んで来る。夜の明ける前に起き出して、一族には食べ物を供し、召し使いの女たちには指図を与える。熟慮して畑を買い、手ずから実らせた儲けでぶどう畑をひらく。力強く腰に帯し、腕を強くする。商売が好調かどうか味わい、灯は夜も消えることがない。手を糸車に伸べ、手のひらに錘《つむ》をあやつる。貧しい人には手を開き、乏しい人に手を伸べる。雪が降っても一族に憂いはない。一族は皆、衣を重ねているから。敷物を自分のために織り、麻と紫の衣を着ている。夫は名を知られた人で、その地の長老らと城門で座に着いている。彼女は亜麻布を織って売り、帯を商人に渡す。力と気品をまとい、未来にほほえみかける。口を開いて知恵の言葉を語り、慈しみの教えをその舌にのせる。一族の様子によく目を配り、怠惰のパンを食べることはない。息子らは立って彼女を幸いな人と呼び、夫は彼女をたたえて言う。

「有能な女は多いが、あなたはなお、そのすべてにまさる」と。

あでやかさは欺き、美しさは空しい。主を畏れる女こそ、たたえられる。彼女にその手の実りを報いよ。その業を町の城門でたたえよ。（31・10―31）

こうした女性は、当時も今もイスラエルには大勢いるように思う。というのは、今まで三回、イスラエルを訪れ、短い期間ではあるが、エルサレムの教皇庁立聖書研究所に滞在したこともあるので、ユダヤ人には、こうした有能で賢い女性が大勢いるということがわかっている。

わたしは他のスタッフと共に五〇年以上も、主にこれから結婚式を挙げられるカップルのために「現代結婚講座」（ホームページ参照）を開講してきた。その成果は極めて良好であったと思う。なぜなら、その中でわたしが特に強調してきたことは、男性に向かって、結婚するなら賢い女性と結婚しなさいと語ってきたことと、結婚したら何でも語り合う夫婦の対話が大切であるが、最終的に何事かを決めなければならない時には、妻の提案を受け入れなさい、と言ってきたからだ。実際、「嬶天下」の家庭は大抵うまくいっているのである。

わたしは独身生活の上、男子の多い兄弟の中で育ったので、正直言って女性のことはよくわからなかった。それが神父となり、大学の教員となり、さまざまなグループを作って、伝道活動をしているうちに、多くの賢い女性たちから、たくさんのことを教わって今日に至っている。そして、女性のスタッフの提案や意見を聞いた時にはすべてがうまく運んできた。だから、自信をもって、女性が男性よりも優れていると断言できるのである。ただ実際問題として、長い歴史の中で、男性が女性より優れていると言われてきたので、女性は男性の言うことに従うほうが楽だったのではないか、と考えている。

むろん、男性も賢くなければならないが、結婚相手として男性を選ぶときには、少なくても心身健康であることを前提にした上で、誠実で勤勉な男性を選びなさいと言ってきた。すると、女性から質問が来ることが予想される。男性も賢くなければならないのではないだろうか、と。むろん、そうであるが、それは女性次第だということを説明する。

本来、神は女性と男性を創造なさったが、そのとき女性は男性の数倍も優れているように創造された、とある聖なる書物で読んだことがある。それは子どもを生み育て、家計をやりくりし、家庭と家族を守る責務が与えられているからだろう。夫は、家族の生計のため、また安全と平和と繁栄のために、社会で働き、蓄財につとめなければならないからだ、と説明する。夫婦が協同して、安全で幸せな家庭生活を営むのは当然のことである。本来、家庭や社会の安全と繁栄は、男女が愛と祈りのうちに、各々の分や役割に応じて、協力し合う時に実現するものなのだ。

旧約聖書の知恵文学の文書（特に、箴言、コヘレト、知恵の書、シラ書）を読むと、賢い女性と愚かな女性の対比が具体的に記されていて興味深い。ぜひ、聖書朗読をお勧めしたい。『シラ書（集会の書）』の中から、少し強烈な言葉を拾ってみよう。

愚かな女性の例：

「女のかんしゃくほど始末に負えないものはない。獅子や竜と住む方が、悪妻と暮らすよりはましである。悪意に満ちた女はその形相が変わり、顔つきは熊のように不機嫌になる。……たちの悪い妻ほど始末に負えないものはない。そういう女は、罪人の運命を、たどるがよい。……悪妻は、夫の気持を卑屈にし、顔つきを憂うつにさせ、心を傷つける。夫を不幸にする妻を持つと、手は萎え、ひざが弱る」（25・15―23）

賢い女性の例：

「良い妻を持った夫は幸福である。彼の寿命は二倍になるだろう。しっかり者の妻は夫を喜ばせ、彼は平穏無事に生涯を送る。良い妻はすばらしい賜物。主を畏れ敬う者に与えられる賜物である。その人は豊かなときも貧しいときも心楽しく、顔つきはいつも晴れやかだ。……優しい妻は夫を喜ばせ、彼女の賢さは夫を健やかにする。物静かな妻は主からの賜物、賢い妻は何ものにも比べられない。しとやかな妻は優しさにあふれ、彼女の慎みは計り知れないほど貴重なものだ。主のおられるいと高き天に輝く太陽のように、よく整えられた家にいる妻は美しい。聖なる燭台から燃え上がる光明のように、健康な体を備えた妻の顔は美しい」（26・1―4、13―17）

女性に限らず男性もまた、知恵のある賢い人を目指して成長していかなければならないのは当然だ。なぜなら、それが安全と安心と幸せの王道だからである。知恵は誰にでも生まれながらにして与えられているが、しかしそれは種子のようなものだ。可能性といってもよい。種子はしかるべき条件下で、育てられ、世話されないと、発芽・成長・開花・結実しない。そのように、人間の命やそれに付随する諸能力や諸機能もまた、自然法則に則り、意識的に進化・発展させようと努めなければ、成長し、成熟していかないのだ。人生、生涯の学びが必要なのはそのためにほかならない。

かつて右脳、左脳ということが流行ったことがある。左脳というのは、主に思考や計算など論理的な作用をする領域であり、右脳は直観や感性や遺伝的知能がはたらく領域と言われた。そして、左脳が男性原理、右脳が女性原理・母性原理であるという。日本人の脳はどちらかというと、右脳的で女性・母性原理が優位であるということを、ある講演会でユング心理学者の河合隼雄（一九二八―二〇〇七）が主張されたことを記憶している。

ともあれ、わたしたち人間は、学習や経験によって得られる知識（形式知、獲得智）の修得、ならびに直観、感性智、悟りなどの知恵（暗黙知）に目覚める（開眼する、気づく）ことによって、神の養子らしく成長していくのである。智は救いで無智は地獄、とわたしは自分自身に言い聞かせている。すると、愛はどうなるのでしょうか、という質問を受ける。すると、わたしは聖アウグスティヌスが言った言葉を思い出して答える。人は生まれながらにして、愛することができる。が、何をどう愛するかによって、その人の価値が決まると、聖アウグスティヌスは説いている。金銭を愛する人は、守銭奴。権力や名誉を愛する人は、高慢な人。快楽を愛する人は、享楽に酔っている人。神を愛する人は、神人。人々の幸せを愛する人は、愛徳者。祈りや修行を愛する人は、行者。学問を愛する人は、学者。発明や発見を愛する人は、創造者。などなど、愛する対象によって、その人のキャラクターが決まるのは、彼の言う通りである。

どうしたら知恵に目覚めることができるのか

イギリスの経験論哲学者、フランシス・ベーコン（一五六一―一六二六）は、「知は力なり」〈ラ〉Scientia est potestas.（シッエンティア　エスト　ポテスタス）と喝破した。確かに、知識がなければ、選択も行動もできない。知らないことは選ぶことができないし、知らないことは実行できない。当たり前のことである。だから、物事がうまく運んでいくためには、情報を公開することが必要だし、大切なことである。情報を共有してこそ、緊密な協力ができるからだ。昔、集団を統率する人は、部下に情報を与えず、命令だけして従わせたものだが、現代はこの方法は通用しない。だから、重大な秘密でない限り、統率者は部下に情報を公開し、知識を共有するほうがよい。情報や知識を統率の手段にする人は、なるべく部下に知らせないようにするが、そうすれば、部下は長上を信頼せず、従ってこないものだ。いわゆる面従腹背をするだけである。

知識は、物事の現象だけでなく、その本質や原因をも明らかにする。また、さまざまな事象を統制する法則をも示してくれる。こうした情報知や常識や科学知や学問知によって、人間自身が成長・発展していくだけでなく、社会の文化も豊かになり、ひいては世界がより一層、進化・発展していくのである。

最近、非常に興味深い書物(2)を読んだ。その「第一章　組織における知識―序論」の中で、なぜ日本企業が、厳しい国際競争の真っ只中で成功することができたかというと、著者は、「『組織的知識創造』の技能・技術こそが日本企業成功の最大要因なのだ、というのが我々の主張である。組織的知識創造とは、組織成員が創り出した知識を、組織全体で製品やサービスあるいは業種システムに具現化することである。組織的知識創造が、日本型イノベーションの鍵なのである」と書いている（同書一頁）。

今の時代、またこれからの時代は、モノ、カネはむろん大切だが、それと共に「知識」が一層大事になる時代になっていくだろう。知識というかアイディアが資本や物を生産し、会社やお役所や世の中を変える原動力になるだろう。つまり、知識や思念（アイディア）が創造力になっていくのだ。

また、知識には真善美の価値が付随する。真実を知るなら、賢くなるだけでなく、真の自己に成長していくだろう。善を知るなら、それを愛して、善い人になっていくだろう。美を知るなら、美しく輝いて生きるであろう。愛を知るなら、神のようになっていくだろう。

さて、知恵に目覚めるためには、さまざまな方法や修行があるだろう。たとえば、思いつくままに、幾つかを挙げる。

既知の知識をすっかり忘れ、頭を空っぽにして、ただ瞑想する。瞑想とは思考を遠ざけることである。そして、感覚や感情に意識を向けることである。庭の花を見るというのは、頭の作用であるから、しない。ただ花が見えているままに、見ているにすぎないのである。この意志的に見るという行為をするか、しないかでは雲泥の差がある。

日本曹洞宗の開祖、道元（一二〇〇―五三〈正治二―建長五〉）は『正法眼蔵』（九五巻）「生死」の巻で、悟りについてこう書いている。

「いとふことなく、したふことなき、このときはじめて仏のこころにいる。ただし、心を以てはかることなかれ、ことばをもっていふことなかれ。ただわが身をも心をもはなちわすれて、仏のいへになげいれて、仏のかたよりおこなはれて、これにしたがひもてゆくとき、ちからをもいれず、こころをもついやさずして、生死をはなれ、仏となる。」（原文）

「厭うこともなく、慕うこともないようになって、その時はじめて仏の心に入ることができるのである。だが、その境地は、ただ心をもって量ってみたり、あるいは言葉をもっていってみたのでは入ることはできない。ただ、わが身もわが心もすっかり忘れはなち、すべてを仏の家に投げ入れてしまって、仏の方からはたらきかけていただいて、それにそのまま随ってゆく、その時はじめて、力もいれず、心をもついやすことなくして、いつしか生死をはなれ、仏となっているのである。」（現代語訳、増谷文雄現代語訳『正法眼蔵』第八巻。角川書店、昭和五〇年初版、昭和六二年六版、一六一頁）

これは雲水たちが永平寺での坐禅修行をしている時の心得であろう。わたしはかつて、友人の禅僧の紹介で、永平寺の内部まで案内してもらったことがある。美しい木々に囲まれた越前の国（福井県）の山の中に、静謐な空気に満ちた聖なる禅寺がひっそりと、しかも荘厳に建っている。そこでは二百人ぐらいの雲水が修行中とのことであった。

知恵に目覚めるためには、日常のこれかあれかという分別知や思考、ならびに好悪の感情や執着を離れなければならない。そして心に去来することを意識はするが、それに囚われてはならない。また求道心《ぐどうしん》をもって修行するが、そこには修行即菩提（悟り）というか、自分の心身を放擲して、神の御心にまったく委ねる姿勢が大切だろう。剣豪宮本武蔵（一五八四―一六四五〈天正一二―正保二〉）の『五輪書』（岩波文庫）によると、剣の極意に関して体験に基づき的確な表現が記されている。その中に、「見の目」と「観の眼」に触れているところがある。瞑想に関連づけていえば、見の目とは、五官の眼をもって、事象を客観的に見ていることである。樫の木ならば、あるがままに樫の木を見ていることだ。これに対し、観の眼というのは、いわば心眼で物事の実相が見えてくるままに観るということではないだろうか。『星の王子さま』（岩波書店）で、キツネが王子さまに言う言葉がある。「目には見えないんだよ。心でみなくちゃ」に該当するだろう。心で観るときには、五官の眼を離れ、霊眼に映る真実を眺めているといえよう。

だから、知恵の智とは、物事を見ていくという能動的な観察知ではなく、真実が見えてくるという受動的な智ではないだろうか。なるほどと納得した知り方、ああそうかという気づき、直感で知ることなどがあろう。また勘というものもあろう。こうした智に敏感に反応し、随順していくとき、世界や宇宙の神秘も少しわかってくるのではないだろうか。

また、知識の知と知恵の智は、このように分けることもできよう。知識の知とは、「〜についての知」であり、知恵の智とは、「～を知る智」といえよう。あるいは、概念知と体験智とでも分けることができよう。その場合、直観や感情や感性がとても重要になってくる。

神の知恵としての主イエス・キリスト

キリスト教徒は、神の智慧（ロゴス〈言〉）が人々と全宇宙を永遠の命に救われるために受肉され、人の子（ナザレのイエス）としてお生まれになったことを信じている（ヨハ1・1、14）。だから、神の智慧に目覚めたければ、主イエス・キリストと出会い、信仰と祈りと愛によって、彼と一致しなければならない。

この方は、紀元前五年頃（?・）、ユダヤのベトレヘムで母のマリアから誕生されたイエスである。後でガリラヤのナザレで成長し、職人として三十数歳まで働かれたので、ナザレのイエスと呼ばれていた。

イエスは三十歳が過ぎた頃、父なる神から受けた使命（ミッション）を果たすために、母のマリアや親族と別れ、公生活に入られた。救世主イエスの使命とは、すべての人を真理と命（永遠の）に導くことであった。現世で罪業、死、苦難、迷妄、煩悩などで苦しんでいる人々を救うためであった。そのためにまず、イエスは孤独と断食に身を晒した後、サタンの誘惑を退けられ、ヨルダン川で洗礼者ヨハネより洗礼を受けられた。それから直ちに、ガリラヤへ行き、神の福音を宣べ伝えて、「時は満ち、神の国は近づいた。悔い改めて福音を信じなさい」と言われた（マコ1・14―15）。神の御子（三位一体の神の第二の神格〈ペルソナ〉）が、人の子となられてこの世に入られたのである。何という愛であろうか。

「時が満ちた」というのは、神の救いの計画の最終段階が訪れたということである。すなわち旧約時代に約束されていたユダヤ人だけではなく、異邦人を含め全人類のメシア（救い主）が到来する時（〈ギ〉カイロス：特別な時）が来たという意味である。

「神の国」とは、わたしたちの創造主で、万人に対し万事であられる無限の慈愛に満ちた親なる神の家にほかならない。比喩ではあるが、黙示録にその記述があるので引用する。

「わたし（ヨハネ）はまた、新しい天と新しい地を見た。……更にわたしは、聖なる都、新しいエルサレムが、夫のために着飾った花嫁のように用意を整えて、神のもとを離れ、天から下って来るのを見た。そのとき、わたしは玉座から語りかける大きな声を聞いた。『見よ、神の幕屋が人の間にあって、神が人と共に住み、人は神の民となる。神は自ら人と共にいて、その神となり、彼らの目の涙をことごとくぬぐい取ってくださる。もはや死はなく、もはや悲しみも嘆きも労苦もない。最初のものは過ぎ去ったからである。』」

（21・1―4）

アッシジの聖フランチェスコ（一一八一―一二二六）は、パーソナルな神に向かって、「わが神よ、わがすべてよ」と絶えず祈っておられた。イタリアのアッシジを訪ねたとき、わたしは一行と離れ、独りでアッシジの丘を登っていったことがある。すると、一二世紀頃の住居があるのを見つけ、フランチェスコはこういう家に生まれたのだろうと感動した記憶がある。また、丘の頂から見えるウンブリア高原は最高に美しかった。ともあれ、生前、最高の神秘体験に恵まれたフランチェスコは、主キリストと同化するような体験もされている。それは想像を超える素晴らしい神秘体験であったので、神と常に一緒にいられるなら、それ以上の幸福はないということを悟ったのである。だから彼は、太陽の賛歌を歌っただけでなく、「わが神よ、わがすべてよ」と叫んで天国に入られたのである（聖人伝による）。

もう一人挙げれば、かつてキリスト教徒を迫害したパウロである。彼は、復活のイエスに出会って回心し、偉大な宣教者に変貌した（使9・19参照）。パウロは、伝道の最中でもさまざまな試練や苦難にあう。そういう場合、主イエス・キリストが彼に現れて慰め、力づけられた。それで聖パウロは、こう宣言している。「わたしにとって有利であったこれらのことを、キリストのゆえに損失と見なすようになったのです。それればかりか、わたしの主イエス・キリストを知ることのあまりのすばらしさに、今では他の一切を損失とみています。キリストのゆえに、わたしはすべてを失いましたが、それらを塵あくたと見なしています。キリストを得、キリストの内にいる者と認められるためです。わたしには、……キリストへの信仰による義、信仰に基づいて神から与えられる義があります。わたしは、キリストとその復活の力とを知り、その苦しみにあずかって、その死の姿にあやかりながら、何とかして死者の中からの復活に達したいのです」（フィリ3・7―11）。

パウロのような第三の天にまで引き上げられた偉大な神秘家であっても、主キリストが言われた、「わたしの恵みはあなたに十分である。力は弱さの中でこそ十分に発揮されるのだ」（二コリ12・9）というみことばを信頼して、「むしろ大いに喜んで自分の弱さを誇りましょう。……わたしは弱いときにこそ強いからです」（二コリ12・9―10）と書いているのである。ともあれ、信仰と祈りと愛によって、主イエス・キリストと一致するとき、わたしたちは神の知恵に至るのである。主キリストが最後の晩餐の時に弟子たちに言われたように、「わたしを見た者は父を見た」（ヨハ14・9）のである。そして、神の国で御父にまみえるためには、「わたしは道であり、真理であり、命である」（ヨハ14・6）と言われた主イエス・キリストを信仰し、どこまでもイエスに帰依していかなければならないのだ。

これが「悔い改めて、福音を信じなさい」の意味ではないかと思う。もう少し繰り返すと、

「悔い改める」というのは、自分の過ちや失敗や愚かさに気づき、考えや態度や感情を改めようとする倫理的な改心の他に、神の許に還ろうとする回心も含まれている。回心とはただ単に信心深い感情の持ち主になろうとすることではなく、人とは、神によって神と共に神のために存在し、生きている人格であることを自覚し、そのように生きていこうと決断し、実践していくことではないだろうか。

「福音を信じなさい」の「福音」とは、神の自己譲与ともいうべき御子の受肉であるナザレのイエスとその教えのことである。そこには主イエス・キリストの神の国に関する伝道と説教だけでなく、主イエスご自身の苦難・死・復活・昇天の出来事による人類の救いも含まれている。そうした福音という「大いなる喜び」の訪れを受け入れ、信じるときに、聖パウロが教えているように、神から義とされ、神の養子として永遠の命に救われるのである。それは「行いによる義認」ではなく、「信仰による義認」にほかならない。なぜなら、すべては神の慈愛と恩恵によることだからである。が、人が救われるためには、神の救いのはたらき、すなわち主イエス・キリストとその教えや行跡を認め、信じ、それに帰依しなければならない。言葉を換えれば、神の愛と恩恵を受け入れ、それが真実であると確信し、主キリストによって、神の養子とされたのだから、それに相応しい生き方をしようと努めることである。それが智慧と愛と祈りに生きることにほかならない。くどいようだが、まとめて言おう。

イエスは、ご自分の生き方や説教や伝道やしるし（奇跡）によって、神の国に救われる道をお示しになられた。それはイエスを主キリストと信仰し、彼に随順していくことであった。イエスは生前、公生活の時にさまざまな仕方で、ご自分が神であり、救い主であることをお示しになったが、イエスご自身の実相が決定的に啓示されたのは、十字架上の死去と死後三日目に霊化された栄光の姿で復活され、四十日間も弟子や信者たちの出現された後、昇天されてからであった。そしてイエスの自己啓示が、決定的に完成されたのは、第三のペルソナである聖霊が弟子たちや信者たちに降臨してからであった（使2・1—4参照）。

こうして聖霊は、神の知恵が主イエス・キリストであることを証印された。したがって、主イエス・キリストを信仰し、愛し、主キリストに祈りながら、聖書を読み、教会の説教を聴き、カテケージスのクラスで学ぶとき、神の知恵に触れていることになるのである。

註

（1）人が神の恩恵によって神の本性に与かるという「神化」〈ギ〉theosis, テオーシス、〈ラ〉

deificatio, デイフィカチオ）の思想は、主にギリシャ教父たちによって唱道された。人は神の似像として創造されただけではない。神のごとくに成るようにと望まれ、御子イエス・キリストの受肉の神秘により、それを実現された。それを教父たちは、こう提示した。「神の御子が人間となったのは、人間が神となるためである」と（P・ネメシェギ「神化」、『新カトリック大事典』第三巻、研究社、二〇〇二年八月、三六一頁）。この思想を主張したのは、たとえば、オリゲネス（一八五頃―二五四頃）、アレキサンドリアの聖クレメンス（一四〇／一五〇頃―二一一／二一五頃）、カッパドキアの三教父、聖バシレイオス（三三〇頃―三七九）、ナジアンゾスの聖グレゴリオス（三二九／三三〇―三九〇／三九一）、ニュッサの聖グレゴリオス（三三〇―三九四）などであった。

彼らの神化思想によると、まず人間の神化を可能にするのは、神の御子の受肉と聖霊の内在であるという。その上で、人間の側からは、信仰と祈りのうちに、洗礼を受け、堅信の秘跡（恩恵の事効的しるし＝聖霊の内在と賜物の受容）を受ける必要がある。

その後、あらゆる悪徳を捨て、キリスト者としての知恵と愛によって完全に神と一致した人は、聖霊と一致し、御子の姿に変えられて神化されるという（前掲書三六一頁参照）。この過程は現世で始まり、来世において完成される。人間が被造物としての本性は変わらないが、洗礼によって与えられる成聖の恩恵の本質は神の自己譲与であるがゆえに、神ご自身が人間の魂の奥底に入って人間を神化するのだ、と中世の神秘家やマイスター・エックハルト

（一二六〇頃―一三二七）や十字架の聖ヨハネ（一五四二―一五九一）などは主張する。現代では、スコラ学派の恩恵論とは異なり、成聖の恩恵の本質として聖霊の魂における内在を強調したフランスの神学者、ペトー（一五八三―一六五二）に従って、指導的なカトリック神学者たちは、神の自己譲与を成聖の恩恵の本質とみなしており、神と直接に一致するために創造された人間が、それによって神ご自身の命にあずかると説明している（前掲書三六二頁参照）。

（2）野中郁次郎・竹内弘高共著『知識創造企業〈The Knowledge-Creating Company〉』（東洋経済新報社、一九九六年、第一刷、二〇一七年、第二五刷）と野中郁次郎・紺野登共著『知識創造の方法論〈Methodology of Knowledge Creation〉』（東洋経済新報社、二〇〇三年第一刷、二〇一六年、第九刷）。野中郁次郎氏は、一九三五年東京都生まれ、早稲田大学政経学部卒業。富士電機製造に勤務の後、カリフォルニア大学大学院（バークレー校）にてPh.D. 取得。南山大学、防衛大学校、北陸先端科学技術大学院大学の教授を経て、現在、一橋大学名誉教授、日本学士院会員である。著書多数。

竹内弘高氏は、国際基督教大学を卒業。広告代理店勤務の後、カリフォルニア大経営大学（バークレー校）にてMBA, Ph.D. 取得。現在、ハーバード大学経営大学院教授。著書多数。

神における「知恵」

角田　佑一

はじめに

この文章の主題は、神における「知恵」とは一体何であるのかを考えることです。聖書において知恵はさまざまな仕方で語られていますが、神とのつながりのなかで知恵がどのように見出され、語られているのかを旧約・新約聖書のいくつかの箇所をふまえて考察してみたいと思います。

基本的な構成としては、「一　主を畏れることは知恵の初め」のなかで、まず日常生活における「知恵」という言葉の用法を見ながら知恵の基本的な性格について考えていきます。そのうえで旧約聖書の箴言における知恵理解を参考にしながら、「主を畏れる」とは一体どういうことなのかを考察しています。「二　神における知恵の活動」においては、旧約聖書の箴言や旧約聖書続編の知恵の書において、神が知恵を生みだし、知恵が神とともに創造や救済の業に関わっていることについて考えています。「三　幼子に示される神の知恵」においては、新約聖書の共観福音書のなかで、神の知恵がイエス・キリストとのつながりのなかで語られているところに着目し、そのうえで幼子イエスに神の知恵の具現化を見る考えについて考察しています。「四　十字架に示される神の知恵」のなかでは、真正パウロ書簡を見ながら、キリストの十字架上の死において人類が罪と死から救われたという出来事が、神の限りのない知恵にもとづくものであることを明らかにしています。最後に「まとめ」のなかで、神における「知恵」とは一体何であるのかという問いに対して結論を述べています。

一　主を畏れることは知恵の初め

日常生活のなかで「知恵」という言葉は、「あの人は知恵のある人だ」、「おばあちゃんの知恵袋」、「みんなで知恵を出し合う」など、さまざまな表現のなかに使われます。この場合、知恵とは実生活に役立つ処世術や、経験に裏打ちされた実践的知識を指しています。私たちが困難な状況のなかで容易に解決できない問題に直面したとき、まず自分でどうすればよいのかを考えます。そして、自分でいくら考えてもどうにもならないとき、人生経験の豊かな年長者に相談します。すると、その年長者が自分のさまざまな経験にもとづいて、「こういうときは、こうすればいいんだよ」というように、さまざまなアドバイスを与えてくれます。そして、私たちがそのアドバイスにもとづいて行動すると、難しい状況を乗り越えることができます。年長者の与えてくれたアドバイスの内容は、人生経験の乏しい者には思いもつかないものであり、その助言に従って困難な局面を乗り切ることができると、「さすが、あの人は深い知恵を持っているな」と思ったりします。ここからわかるように、知恵とはたんなる抽象的な観念ではなく、人間の実生活において力を発揮する具体的で実践的な知識であるのです。

それでは、聖書において「知恵」はどのように語られているのでしょうか。旧約・新約聖書における知恵の記述はきわめて多様な内容を持っています。まず、旧約聖書を見てみると、知恵は私たちの人生を導く具体的で実践的な内容を持っていることがわかります。そして、真の知恵は私たちと神とのパーソナルなつながりのなかで見出されます。箴言において「主を畏れることは知恵の初め。無知な者は知恵をも諭しをも侮る」（箴1・7）と語られています。「主を畏れる」とは、私たちの主である神を畏れ敬って生きることであり、私たちが自分の思いやはからいに従うのではなく、神の意志に徹底的に従って生きることを意味します。しかし、もしも私たちが神の意志から離れて生きるならば、滅びに至る道を歩むことになります。この道に行くことは避けなければなりません。それゆえ、我々は神の御旨が何であるのかをたえず探し求めて、それを知り、神の意志に従って生きていかなければなりません。そのような生き方をすることによって「主を畏れる」心が深められていきます。それでは、私たち一人ひとりが「主を畏れる」ことをほんとうに学ぶためには、どのようなことに気をつければよいのでしょうか。箴言における「父の諭し」には次のように述べられています。

わが子よ
わたしの言葉を受け入れ、戒めを大切にして
知恵に耳を傾け、英知に心を向けるなら
分別に呼びかけ、英知に向かって声をあげるなら
銀を求めるようにそれを尋ね
宝物を求めるようにそれを捜すなら
あなたは主を畏れることを悟り
神を知ることに到達するであろう。

知恵を授けるのは主。
主の口は知識と英知を与える。（箴2・1―6）

私たちが実際の生活のなかで、自分に与えられた戒めを守り、知恵と英知を心から求めて生きるならば、主なる神が私たちに人生における知恵と英知を与えてくれます。そのとき、我々は「主を畏れる」ことをほんとうに学ぶことができるのです。

ところが、私たちの現実の生活を見てみると、どうでしょうか。私たちは普段、神の意志に従って生きているかどうかをふりかえることもなく、ただ日々の仕事に追われ、目の前で起きる出来事にそのつど対応しながら生きています。たとえ、自分の生活が神の御心に反する状態にあっても、その状態をきちんと見直すこともなく、ただ自分の欲望に引きずられるままに生きていることがあります。この場合、私たちは神の御旨に心を留めることもなく、「主を畏れる」ことを完全に忘れてしまっています。それ以前に、私たちはそもそも神の御旨が何なのかをはっきりと知ることもできず、迷いのなかで生きています。そのような状況のなかで、私たちはどのようにすれば「主を畏れる」生活を送ることができるのでしょうか。

以前、私がアメリカのカリフォルニア州で神学の勉強をしていたとき、日本人のカトリック信徒の共同体のお手伝いをしていました。その共同体には、七〇年以上もアメリカに住んでいる、あるひとりの年配の女性の信徒がいました。その方はとても深い信仰を持っていて、豊かな人生経験にもとづいて、人間として生きるうえで大切なことをいろいろ教えてくれました。その女性が教えてくれたことのなかで、とても心に残っているのは、「虎をする」ということでした。「虎をする」とは、その方の作った用語で、私たち一人ひとりが神にすべてをゆだねて生きることを意味しています。虎の子どもは自分ではどこにも行くことができません。虎の子どもがどこかに移動する場合、自分の首の後ろ側を母親の虎に口でくわえてもらい、いろいろな所に連れて行ってもらいます。虎の子どもは自分で何も思いはからうことなく母親の虎にすべてをゆだねると、母親が安全な場所に連れて行ってくれるのです。

人間の生活を見てみると、私たちはつねにさまざまな困難を抱えていて、複雑な状況のなかで容易に解決できない問題と取り組みながら生活しています。いくら自分で考えても、その問題を解決する方法を見出すことができず、悩みこんでしまうこともあります。もしも、変に自分で考え込んで余計なことをすると、かえって問題を複雑化させてしまい、解決しにくくしてしまうこともあります。そのようなとき、虎の子どもが自分の母親にすべてをゆだねるように、私たちも自分で思いはからうことなく、神にすべてをゆだねて歩んでいくことが大切であるのです。人生の難しい局面において「虎をする」ことを実践していると、思いもかけない出来事が起きて、複雑な問題がおのずと解きほぐされて、道がひらけてくることがあります。「虎をする」ことをとおして、自分では決して解決しえないと思っていた問題が、思ってもみなかった意外な仕方で、いつの間にか解決してしまうこともあります。あたかも母親の虎が自分の子どもの首筋を口でくわえて安全な場所に連れて行くように、神も私たちを落ち着くべき場所に導いてくださるのです。

以上のことが「虎をする」生き方であり、その女性の信徒の方が熱心に教えてくださったことでした。よくよく考えてみると、彼女が教えてくれたことは人生の神秘であり、神とのつながりのなかで見出される知恵でもあります。私たちが自分の思いはからいから離れて神に全面的にゆだねることが「主を畏れる」こと、すなわち神の意志に徹底的に従って生きることであるのです。これは私たちにとって困難な人生を歩むうえで大切な知恵になります。さらに、私たちの人生の歩みは、神自身に由来する知恵によって導かれているとも言えます。すでに述べたように、私たちが複雑で難しい問題に直面したとき、神は人間の思いはからいを超えた仕方で、私たちを困難な状況から救い出してくださいます。神が私たち人間をどのように救い出すのか、これは究極的には人間には計り知れないことであり、実のところ、神自身の「知恵」によるものであるのです。

二　神における知恵の活動

神による人間の救いは、人間の思いを超えた神自身の知恵にもとづいて起こる出来事です。そして、知恵はたんに神に内属する知的作用なのではなく、神によって生み出され、自ら主体性をもって神とともにはたらく存在でもあります。例えば、箴言においては、知恵が自分自身について語る言葉が出てきます。

わたしは知恵。熟慮と共に住まい
知恵と慎重さを備えている。
主を畏れることは、悪を憎むこと。
傲慢、驕り、悪の道
暴言をはく口を、わたしは憎む。
わたしは勧告し、成功させる。
わたしは見分ける力であり、威力をもつ。（箴8・12―14）

ここで、知恵は神自身に由来するものでありながらも、自立して存在するものであり、自ら主体的に活動するものとして語られています。すでに述べたとおり、神における知恵は、神が人間をいかに救い出すのか、人間にどのような救いの道を備えるのかということに関わっています。さらに箴言においては、知恵そのものの起源について、次のように述べられています。

主は、その道の初めにわたしを造られた。
いにしえの御業になお、先立って。
永遠の昔、わたしは祝別されていた。
太初、大地に先立って。
わたしは生み出されていた
深淵も水のみなぎる源も、まだ存在しないとき。
山々の基も据えられてはおらず、丘もなかったが
わたしは生み出されていた。
大地も野も、地上の最初の塵も
まだ造られていなかった。（箴8・22―26）

ここでは天地創造以前の時から、知恵が神によって生み出されたと語られています。とりわけ、「主は、その道の初めにわたしを造られた。いにしえの御業になお、先立って」という言葉は、神において知恵がまず生み出され、自立的に存在するものとしてつねに神とともにあり、神がどのようなことをするときにも、つねに知恵がともに働いていたことを意味しています。

さらに旧約聖書続編のなかの知恵の書において、「知恵は神と共に生き、その高貴な出生を誇り、万物の主に愛されている。知恵は神の認識にあずかり、神の御業を見分けて行う。人生において富が望ましい宝であるなら、すべてを造る知恵より富むものがあるだろうか」（知8・3―5）と語られています。ここで、神は知恵においてすべてのものを造り、「先祖たちの神、憐れみ深い主よ、あなたは言によってすべてを造り、知恵によって人を形づくられました」（知9・1―2）と言われているように、神は知恵によって人間を創造したとも言われています。神における知恵は人間そのものの創造に深く関与したゆえに、自らの創造した人間をどのように救い出すことができるのかということも知っているのです。しかし、神の限りない知恵は、人間の思いやはからいを完全に超えたものであり、私たちはその知恵の内容を計り知ることはできません。

知恵が神によって生み出され、神とともに創造の業に参与しているという考えは、後に新約聖書の第二パウロ書簡のなかで、御父がすべてのものに先だって御子を生み、御子をとおしてすべてのものを創造したという父と子の関係の理解に影響を及ぼしたとも考えられています。コロサイの信徒への手紙においては次のように述べられています。

御子は、見えない神の姿であり、すべてのものが造られる前に生まれた方です。天にあるものも地にあるものも、見えるものも見えないものも、王座も主権も、支配も権威も、万物は御子において造られたからです。つまり、万物は御子によって、御子のために造られました。御子はすべてのものよりも先におられ、すべてのものは御子によって支えられています。（コロ1・15―17）

箴言や知恵の書における神と知恵の関係が、そのまま御父と御子の関係に対応しています。御子は御父によって生み出され、自ら主体性をもって活動し、御父とともに創造の業を行っているのです。

三　幼子に示される神の知恵

次に新約聖書において知恵がどのように語られているのかを見てみたいと思います。旧約聖書の箴言に述べられていたように、知恵は神と人間とのパーソナルなつながりのなかで見出され、私たちがこの世界で生きていくうえで大切な指針となります。そして、神における知恵は、神がどのようにして人間を救うのかという問題に深く関わっています。そのため、神における知恵の内容は、つねに神自身によってのみ明らかにされます。さらに知恵は神によって生み出され、神とともに人間の創造に関与し、それゆえ人間の救いにも深く関わっています。

このような旧約の知恵理解の伝統を受けて、新約聖書においては、神の知恵が、神の受肉したみことばであるイエス・キリストにおいて具体的に示され、実現されていると考えます。例えば、共観福音書を見てみると、イエスが「神の知恵」についてファリサイ派の人々や律法学者たちに対して「だから、神の知恵もこう言っている。『わたしは預言者や使徒たちを遣わすが、人々はその中のある者を殺し、ある者を迫害する』」（ルカ11・49）と語っています。ここで、神の知恵が人間の創造と堕罪以後、人類の救いの歴史に深く関わりつづけてきたことが明らかにされています。神の知恵は、イスラエルの民を神に立ち帰らせるため、預言者たちを派遣しましたが、イスラエルの民は自らの罪によって彼らを虐げ、迫害しつづけました。そのような状況を受けて、旧約の時代の後、神の知恵はどのように人間を救いに導こうとしているのでしょうか。新約聖書においては、神の知恵がイエス・キリストにおいて自己自身を具体的に示すことによって、人間を救いに導こうとします。すなわち、神の知恵がイエスのことばと行いにおいて「神の国」の到来を人間たちに告げ知らせながら、人間のほんとうの救いを明らかにするのです。ルカ福音書において、イエスは御父に次のように祈っています。

天地の主である父よ、あなたをほめたたえます。これらのことを知恵ある者や賢い者には隠して、幼子のような者にお示しになりました。そうです、父よ、これは御心に適うことでした。すべてのことは、父からわたしに任せられています。父のほかに、子がどういう者であるかを知る者はなく、父がどういう方であるかを知る者は、子と、子が示そうと思う者のほかには、だれもいません。（ルカ10・21―22）

御父はイエス・キリストを遣わして、人間の最終的な救いがもたらされるというメッセージ、すなわち神の国の到来を告げ知らせる福音を、知恵ある者や賢い者ではなく、幼子のような無知で無力な者に示しました。イエスはすべてのことが父から子に任せられており、父のみが子を知り、子と子が示す者のみが父を知ると言っています。人間のほんとうの救いに関わる神の知恵は、父から子であるイエスにゆだねられ、イエスにおいて完全に実現しているのです。マルコ福音書のなかで、イエスは「子供のように神の国を受け入れる人でなければ、決してそこに入ることはできない」（マコ10・15）と説いています。子どもははからいのない素直な心を持っているので、知らず知らずの内に神との親しい交わりのうちに生きていることがあります。これと同様に、幼子のような者たちは神との近さや親しさのうちに生きているので、人間のほんとうの救いを告げる神の国の福音の内容を、いつの間にか理解していることがあるのです。このようにして、人間の最終的な救いの道を明らかにする神の知恵が、幼子のような者たちに示されることがあるのです。そのうえで、ルカ福音書のなかで、イエスは弟子たちの方を向いて次のように語っています。

あなたがたの見ているものを見る目は幸いだ。言っておくが、多くの預言者や王たちは、あなたがたが見ているものを見たかったが、見ることができず、あなたがたが聞いているものを聞きたがったが、聞けなかったのである。（ルカ10・23―24）

イエスの弟子たちは、世間的な意味で学識や教養がある人たちであったわけではなく、むしろ無学で素朴な人たちでした。しかし、そのような者たちに、御父はイエスをとおして神の国の福音を示したのです。その福音の内容は、人間の最終的な救いに関わるものであり、旧約の偉大な預言者たちや王が見ることも聞くこともできなかったものでした。この点に関して、パウロはコリントの信徒への第一の手紙のなかで、神がなぜ無学な者や無力な者を選ばれたのか、次のように述べています。

ところが、神は知恵ある者に恥をかかせるため、世の無学な者を選び、力ある者に恥をかかせるため、世の無力な者を選ばれました。また、神は地位のある者を無力な者とするため、世の無に等しい者、身分の卑しい者や見下げられている者を選ばれたのです。それは、だれ一人、神の前で誇ることのないようにするためです。神によってあなたがたはキリスト・イエスに結ばれ、このキリストは、わたしたちにとって神の知恵となり、義と聖と贖いになられたのです。（一コリ1・27―30）

神はあえて「世の無学な者」、「世の無力な者」、「世の無に等しい者」、「身分の卑しい者や見下げられている者」を選び、神の知恵であるイエス・キリストにおいて、彼らに人間の真の救いについて告げ知らせたのです。それは、「だれ一人、神の前で誇ることのないようにするため」、すなわち、神を信じる人々が皆、神の前で謙遜になるためであったのです。

ここで、幼子の姿のうちに示される神の知恵について考えてみたいと思います。聖母子像のなかには、「知恵の座」（Sedes Sapientiae,「上智の座」とも訳される）と呼ばれるものがあります。これは幼子イエスが、聖母マリアの膝に座っているという像です。ここで、幼子イエスは神の知恵そのものを表わしています。そして、神の知恵であるイエスが聖母の膝に座っているので、聖母が「知恵の座」と言われるのです。この聖母子像において、神の限りない知恵が、幼子イエスとして表されています。幼子イエスが神の知恵であるのは、彼が神の子で小さいときから全知全能であったからというわけではありません。イエスは神の子でありながらも、人間の有限的な制約や条件を受けて、この世に生まれました。そのため、「イエスは知恵が増し、背丈も伸び、神と人とに愛された」（ルカ2・52）と言われているように、彼は普通の人間の幼子として生まれ育ち、人間の成長のプロセスをたどったのです。「知恵の座」の像における幼子イエスは純真無垢であり、人間的に見ると無知で無力な存在です。しかし、この幼子はそのはからいのない無邪気な心で、御父との親しさや近さのうちに生きていました。それは、神殿において少年イエスが両親に「どうしてわたしを捜したのですか。わたしが自分の父の家にいるのは当たり前だということを、知らなかったのですか」（ルカ2・49）と言っていることからも明らかです。イエスは幼いときから、御父にすべてをゆだねて、いつも御父と共にいるという意識のなかで生きていました。それゆえに、無邪気な心で、御父にすべてをゆだね、御父と共に生きる幼子イエスの姿の内に、神の限りない知恵そのものが具現化していると考えられるようになったのだと思います。

さらに幼子イエスは母親であるマリアにも自分自身をゆだねています。イエスはマリアによって愛情深く育てられ、母親の愛によって包まれています。マリアが受胎告知の瞬間に、惜しみなく自分自身を神に差し出して、「わたしは主のはしためです。お言葉どおり、この身に成りますように」（ルカ1・38）と答えたとき、マリアはイエスと共に生きる道を歩みはじめました。マリアの深い信仰と惜しみない愛があったからこそ、神の知恵であるイエスは、この世に生まれ、人間として成長していくことができたのです。ここからもわかるように、神の知恵がこの世界で具体的に、現実的に実現するためには、人間の献身的な愛と信仰が、その知恵に伴っていなければなりません。神の知恵は人間の惜しみない愛と共に語られるとき、人々の心に伝わるものとなります。逆に、もしも神の知恵が人間の愛とともに語られないならば、神の知恵は人々の心に浸透することなく、力を発揮することもありません。

四　十字架に示される神の知恵

新約聖書の真正パウロ書簡において、神の知恵はイエス・キリストの十字架の内に究極的に実現していると言われています。パウロはコリントの信徒への第一の手紙のなかで、神の知恵であるキリストについて次のように語っています。

ユダヤ人はしるしを求め、ギリシア人は知恵を探しますが、わたしたちは、十字架につけられたキリストを宣べ伝えています。すなわち、ユダヤ人にはつまずかせるもの、異邦人には愚かなものですが、ユダヤ人であろうがギリシア人であろうが、召された者には、神の力、神の知恵であるキリストを宣べ伝えているのです。神の愚かさは人よりも賢く、神の弱さは人よりも強いからです。（一コリ1・22―25）

パウロは十字架に示される神の知恵について「十字架の言葉は、滅んでいく者にとっては愚かなものですが、わたしたち救われる者には神の力です」（一コリ1・18）とも述べています。以前、筆者（角田）があるひとりの仏教徒の方とお話ししたときに、その方が「キリスト教では、なぜイエス・キリストの十字架によってみんなが救われると考えるのでしょうか。

十字架は見るだけでとても残酷で恐ろしいものです。これに対して、お釈迦様は人生の最期、涅槃に入られました。涅槃の御姿はとても平安で、見るだけで心が安らかになります」と言っていました。そのお話を聞いて、私もなぜイエス・キリストが十字架につけられなければならなかったのか、なぜ十字架によって人類が救われたのか、いろいろと考えるようになりました。

たしかに十字架というのは、処刑のために用いられる道具であり、犯罪者に対する容赦のない残酷な刑罰を連想させるものです。しかし、イエス・キリストの十字架上の死は、実のところ、神自身の愛をあらわすものです。すなわち、神がキリストの十字架上の死において、人間の罪を全面的にゆるす積極的な愛を示したのです。

イエスは受難と死を目前にして深い内的葛藤を体験し、ゲッセマネの園で「アッバ、父よ、あなたは何でもおできになります。この杯をわたしから取りのけてください」（マコ14・36）と言います。ところが最終的には「わたしが願うことではなく、御心に適うことが行われますように」（マコ14・36）と祈り、御父にすべてをゆだねて自分に与えられた受難と十字架の道を自ら選んで受け容れます。その後、キリストはさまざまな苦しみを経験して、十字架につけられます。

マルコ、ルカ、ヨハネ福音書では、イエスが十字架上で息を引き取るときの最後の言葉が異なっています。マルコ福音書では、「エロイ、エロイ、レマ、サバクタニ（わが神、わが神、なぜわたしをお見捨てになったのですか）」（マコ15・34）と叫んで死にます。ルカ福音書では、「父よ、わたしの霊を御手にゆだねます」（ルカ23・46）と言って息を引き取ります。さらにヨハネ福音書では、最後「成し遂げられた」（ヨハ19・30）と言って亡くなります。

イエスは御父から見捨てられたと思うほどの苦しみのなかにありましたが、最後は御父にすべてをゆだねて十字架の上で息を引き取ります。そして、その十字架上の死によって人間の罪と死からの救いが成し遂げられたのです。それでは、なぜイエスは十字架につけられなければならなかったのでしょうか。そして、彼が十字架の上で無惨な仕方で死んだことによって、なぜ人間が罪と死から救われたのでしょうか。そこには人間の思いはからいを超えた、神の限りない知恵が隠されているのです。

マルコ福音書における「ぶどう園と農夫のたとえ」（マコ12・1―12）には、その問題について考えるヒントが含まれています。このたとえでは、農夫たちが主人からぶどう園の世話を任されます。主人がぶどう園の収穫を取りに行くために自分の僕たちを送ると、農夫たちは収穫をひとり占めにしようとして、ある僕に暴力をふるって追い返したり、他の僕の命を奪ったりしました。そのような状況を見て、主人は深く考えるところがあって「わたしの息子なら敬ってくれるだろう」（マコ12・6）と言って、自分の愛する息子をぶどう園に送ります。それに対して、農夫たちは「これは跡取りだ。さあ、殺してしまおう。そうすれば、相続財産は我々のものになる」（マコ12・7）と言って、息子を捕まえて殺してしまいます。このたとえは、まず旧約の時代、神がイスラエルの民を回心させるために預言者たちを送ったが、結局イスラエルの民は預言者たちを迫害しつづけたことを表しています。さらに新約の時代になって、神はついに自らのひとり子をこの世界に遣わしますが、人間たちはその独り子さえも迫害し、その命を奪ってしまったということも表しています。

イエスが十字架につけられて死んだとき、神の子であるイエスを犯罪人として十字架につけて、そのいのちを奪うという、人類の最も深い罪があらわになりました。そのうえでイエスはその人類の最も深い罪を担って十字架の上で死んだのです。ところが、同時にキリストの十字架上の死において、人類の最も深い罪を全面的にゆるす神の最も深い愛が現れたのです。そして、十字架に示された神の限りない愛によって人間の罪が全面的にゆるされるに至ったのです。これはパウロがコリントの信徒への第二の手紙のなかで「罪と何のかかわりもない方を、神はわたしたちのために罪となさいました。わたしたちはその方によって神の義を得ることができたのです」（二コリ5・21）と述べていることからも明らかです。

イエスが宣教生活の道半ばにして十字架の上で無惨な仕方で殺されてしまったことは、人間の無力さ、挫折、失敗をも表しています。しかし、イエスの十字架上の死において、神は最終的に人間を罪と死の闇から救うという、秘められた救いの計画を実行するのです。この救いの御業は、人間の思いはからいを超えた神の知恵にもとづくものでした。

パウロは宣教に際して、「神の秘められた計画」を宣べ伝えるために、「優れた言葉や知恵」を用いず、「あなたがたの間で、イエス・キリスト、それも十字架につけられたキリスト以外、何も知るまい」（一コリ２・２）と心に決めたと述べています。というのは、十字架においてこそ、神の真の知恵が表されているからです。パウロはコリントの信徒への第一の手紙のなかで、次のように述べています。

わたしたちが語るのは、隠されていた、神秘としての神の知恵であり、神がわたしたちに栄光を与えるために、世界の始まる前から定めておられたものです。この世の支配者たちはだれ一人、この知恵を理解しませんでした。もし理解していたら、栄光の主を十字架につけはしなかったでしょう。しかし、このことは、「目が見もせず、耳が聞きもせず、人の心に思い浮かびもしなかったことを、神は御自分を愛する者たちに準備された」と書いてあるとおりです。（一コリ２・７―９）

キリストの十字架上の死によって、人類を罪と死から解放するということは、神がすでに

「世界の始まる前から定めておられた」ことであり、神の限りなく深い知恵にもとづくものであったのです。このような神の救いの道は、誰も見たこともなく聞いたこともない、心にも思い浮かぶこともなかった、神の知恵によって開かれるに至ったのです。

まとめ

この文章の主題は、神における「知恵」とは一体何であるのかを考えることでした。その内容を以下にまとめてみたいと思います。

第一に旧約聖書の箴言において「主を畏れることは知恵の初め」と言われているように、「主を畏れる」生き方のうちに知恵を見出すことができます。「主を畏れる」とは、私たちが自分の思いやはからいに従って生きるのではなく、神の意志に従って生きることであり、自分中心ではなく、神中心の生き方をしていくことです。それゆえ、我々は神の御旨が何であるのかをたえず探し求めて、それを知り、神の意志に従って生きることが求められています。実際に私たちが何らかの複雑な問題に直面したとき、神にすべてをゆだねて生きると、思いもかけない出来事が起こって、向こうから次第に道がひらけてきて、いつの間にか問題が解決しているということがあります。神が私たち人間をどのように救い出すのか、それは人間には計り知れないことであり、神自身の「知恵」にもとづくものであるのです。

第二に旧約聖書の箴言や旧約聖書続編の知恵の書によれば、知恵は神によって生み出され、自立的に存在するものとして神とともに主体的に活動する存在として語られています。知恵はつねに神とともにあり、神がどのようなことをするときにも、つねに知恵がともに働いています。とりわけ、人間の創造に神の知恵が深く関与していて、それゆえに神の知恵は人間をいかに救うのかという問題にも関わることができるのです。

第三に新約聖書の共観福音書においては、神の知恵がイエス・キリストにおいて具体的に示され、実現されていると考えられています。イエスによれば、父なる神は自らのひとり子であるイエス・キリストを遣わして、人間の最終的な救いについてのよき知らせ、すなわち神の国の福音を幼子のような無知で無力な者に示しました。そして、人間のほんとうの救いに関わる神の知恵は、父から子であるイエスにゆだねられ、イエスにおいて完全に具現化されているのです。とりわけ、「知恵の座」の聖母子像においては、幼子イエスが神の知恵そのものであると考えられています。母親であるマリアは自らの深い信仰によって、神の御旨を受け容れてイエスを産み、愛情深く育てています。神の知恵がこの世界で真に実現するためには、人間の献身的な愛と信仰が伴っていなければならないのです。

第四に新約聖書の真正パウロ書簡においては、キリストの十字架において神の無上の知恵が示されていると考えます。なぜなら、残酷な死、無力、悲惨をあらわす十字架において、神は人類を罪と死から最終的に救う道を開かれたからです。人間たちが本来罪のないイエスを十字架につけたとき、神の子であるイエスのいのちを奪うという、人類の最も深い罪があらわになりました。そして、その人類の最も深い罪を担って、イエスは十字架の上で息を引き取りました。ところが、それとともにキリストの十字架上の死によって人類の最も深い罪をゆるす神の最も深い愛が現れ、神は人間の罪を全面的にゆるします。このようにキリストの十字架は神の愛のあらわれであり、それによって成し遂げられた救いの業は、十字架において示された神の知恵にもとづくものであったのです。

知恵のありかをたずねて

――創世記・ヨブ記・マタイ福音書・パウロの手紙――

高山　貞美

はじめに

古今東西、知恵は身につけるべき教養の一部であり、日常での実用を目的とし、人生を繁栄と成功に導くために不可欠の能力とされている。また、知恵は人々を倫理的生活に導くものでもあり、その場合には哲学や宗教とも深く関連する。ちなみに、キリスト教において真の知恵は神に由来する賜物であり、人を聖性へと招き、神と共に生きる道を指し示してくれるものである。

旧約聖書にある「主を畏れることは知恵の初め」（箴1・7）という言葉は、神への畏れがあらゆる知恵と知識の前提であり、人間に幸いと救いをもたらす礎であることを意味する。また、新約聖書の「天地の主である父よ……これらのことを知恵ある者や賢い者には隠して、幼子のような者にお示しになりました」（マタ11・25）という言葉には、この世の知者や賢者には隠され、「幼子のような者」にのみ明かされる「神の知恵」の働きが暗示されている。

以下、キリスト教の立場から旧約・新約聖書の断章に「神の知恵」の所在を尋ね、人間の知恵と対比しながら考察を深めることとする。

一　旧約聖書における知恵

創世記

善と悪を知る木

旧約聖書に知恵のありかを探ろうとする場合、最も知られている箇所の一つはエデンの園の物語である。エデンの園と言えば、色つややかに草花が咲き乱れ、たわわに実をつけた木々が生い茂る、砂漠の中のオアシスのようなイメージを持つ人も少なくないであろう。創世記二章によると、エデンの園の中央には「命の木」と共に「善と悪を知る木」があったと記されている。園の所有者は言うまでもなく神自身であるから、中央に君臨する二本の木は神を象徴し、神の属性を表していると考えられる。つまり、神こそあふれる生命の源であり尽きせぬ知恵の泉であることを示している。

決して死ぬことはない。それを食べると、目が開け、神のように善悪を知るものとなることを神はご存じなのだ。（創3・4―5）

最初の人間、アダムとエバの前に蛇が現れる。「神が造られた野の生き物のうちで、最も賢い」（創3・1）と言われるほど知恵のある蛇である。この蛇の言葉に耳を貸し、二人は「取って食べてはいけない、触れてもいけない」と命じられていた「善と悪を知る木」の実を口にする。まずエバがその実を取って食べ、一緒にいたアダムにも渡したので、彼も食べた。この場合、言葉巧みに二人に近寄ってきた蛇とは何者であり、善と悪を知る木の実を食べるとは何を意味するのだろうか。

注解書の説明によると、善と悪を知るとは、ヘブライ語の用法では「最善より最悪まで」、つまり「知識の全域」「すべてのこと」を知ることであるとされる。つまり、禁断の実を食べるとは、道徳的に賢くなることを意味するのではなく、「神のように（すべてのことを知るものと）なる」こと、まさに全知全能になることと解釈されている。神のようになりたいと思いあがることが、ここでは問題とされているのだ。

エデンの園には、神と人間との間に守るべき秩序があり、越えてはならない一線があったのだが、それを破ることで神との関係に破綻が生じ、結果として二人は園から追放されることになる。神のようになろうとすることは、知性と意志を有する人間のあくなき探究心と好奇心のなせる業とも言えるが、ここでは神の領域を侵し、人間が神に成り代わり、神の座に就くことにほかならないとされている。神の戒めにそむき、自分を世界の中心に据えようとする在り方は、人間の自己神格化に繋がり、そのような態度はここでは聖書記者によって厳しく批判されている。

ところで、禁断の実を食べた二人は、神が園の中を歩く音が聞こえると、神の顔を避けてあわてて木の間に隠れたとある。何か悪いことをした場合、相手の顔を避けてどこかに隠れようとする心理は誰にでもある。きっとその時のアダムとエバも、約束を破ったことを神には知られずに、そのまま黙って通り過ぎてもらいたかったに違いない。しかし、神はアダムに「どこにいるのか」と尋ね、彼は「恐ろしくなり、隠れております。わたしは裸ですから」と答えざるを得なかった。蛇の甘言に乗せられ、実を食べた二人の目は確かに開くには開いたが、「神のように善悪を知るもの」となったどころか、「自分たちが裸である」（同3・7）ことを思い知らされることになる。

その直後に神からの追及を受けたアダムは責任をエバに押しつけ、エバは責任を蛇に転嫁した。もはやそこには夫婦間の信頼関係は見られず、最終的にすべての責任を蛇に押しつけている。人が自分の過ちを認めるのはそう簡単なことではない。犯した過ちを素直に認めることができず、誰かのせいにしたり何かのせいにしたりする。こうして人は、もう一つの過ちを犯すことになる。

蛇の誘惑

この世に蛇を好む人はそう多くはいまい。この生き物には足がなく閉じるべき瞼もない。目は開きっ放しのため光っているように見える。電光石火のごとく獲物を捕まえ、自分よりも大きなものを平気で丸呑みする。その頭部の形は人の男性器を連想させる。また餌がなくても長期間生きていける、驚くべき生命力の持ち主でもある。蛇が脱皮する奇妙な姿は、死と再生の不思議を思わせ、人間をも葬り去る毒蛇には人智を超える力があるように見える。

このように独特の生態を持つ蛇は、世界中の広い地域で生息しているため、生と死、善と悪、吉と凶、浄と不浄などさまざまな意味を持つシンボルとされ、信仰の対象とされてきた。歴史を遡ると、古代エジプトやバビロニアの神話では、蛇は暗黒と混沌の神であり、生命と生殖を司る「知恵の象徴」とされている。これらの神話において蛇は神々の一つに数えられているのに対し、創世記は単なる被造物として描いているのが特徴である。

創世記に登場する蛇は、人間の言葉を自由に操り、しかも「野の生き物のうちで最も賢い」と紹介されているが、その狡猾さのゆえに神に断罪され、園の秩序を乱した張本人と見なされる。野の生き物の中で「最も呪われる」と宣告された蛇には、地面を這い回り、塵を食らって生きるという悲惨な運命が待ち受けることになる。それにしても、人間を神から引き離したことへの罰は、これほどまでに重いということなのだろうか。

しかしよく考えてみると、さきほどの蛇の言葉（創3・4―5）もそのすべてが偽りであったわけではない。現に禁断の実を食べた二人も、蛇が言ったとおりすぐには死んでいない。もし蛇の言葉が偽りだらけなら、誰も最初からうそつきを相手にしなかったであろう。そうではなく、真実の中に偽りが紛れこんでいたり（その逆であったり）するから始末が悪いのである。どんなにすぐれた知恵と知識を持った人間でも、自尊心をくすぐられ特別扱いされると、冷静に真偽を見分けることは容易ではなくなる。まして人生経験が乏しく初《うぶ》であったアダムとエバが、狡猾な蛇の言葉に惑わされ踊らされたとしてもおかしくはない。いずれにせよ、蛇と人祖がたどった運命の結末に、われわれは神の戒めに逆らう「偽りの知恵」への強烈な皮肉を読み取ることができる。

神の裁きを受けたアダムとエバは、園を追われ命の木から遠ざけられてしまうが、それでも決して神から見放されることはなかった。その証拠に二人が追放される際に、神自らが「アダムと女に革の衣を作って着せられた」（同3・21）と記されている。「作って着せられた」という愛に満ちた細やかな配慮に、慈しみ深い神の顔――創造の最初の瞬間からずっと二人を見守り続けている――を思い描くことができる。園を追い出され、厳しい自然環境の中で暮らさざるを得なくなったアダムとエバに、なおも神の救いの手が差し伸ばされていることを確信させる幕切れである。こうして命の木から遠ざけられた二人は、労働の辛さや出産の苦しみ等の人間の条件を背負いながら、この世の旅路を額に汗して歩むことになる。

バベルの塔

創世記の一章から一一章には、世界と人類の起源を語った神話的な色彩の濃い物語群が収められており、「原初史」と呼ばれている。原初史を締めくくる「バベルの塔」の物語には、天に迫る高層建築物を造ろうとした人間の思いあがりを戒めるメッセージが込められている。

この物語は、人間が全地に拡散していることと人間の言語が混乱していること（言語が数多くあり、互いに通じないこと）を説明する原因物語である。物語の舞台は「シンアルの地」（創11・2）、すなわちメソポタミアである。石材と漆喰が比較的豊富であったパレスティナに比し、古代西アジア文明の中心地メソポタミアでは建造物は煉瓦と天然アスファルトで造られた。ティグリス川とユーフラテス川に挟まれた沖積平野のメソポタミア南部には、建築材料となる石材が少なかったからである。

メソポタミアの主要都市には、古くからジックラトと呼ばれる階段状の塔が建てられ、各都市の主神を祀る神殿として機能していた。バベルとは、バビロニアの首都バビロンのことである。大規模な発掘調査により、ここでもジックラトの基礎部分が見つかっているが、一辺が九二メートルの土台を持ち、高さが九〇メートルにも及ぶものもあったようである。ジックラトはシュメル語で「エ・テメン・アン・キ」、すなわち「天地の基の家」と呼ばれており、想像を絶する巨大な建築物であったことが窺える。

ところで、一説によるとイスラエルの民が紀元前六世紀に捕囚民としてバビロンに連行された際に、そこでジックラトの廃墟を見たという経験がこの物語の背景にあった可能性が指摘されている。バベルの塔の物語を書いた聖書記者は、「天まで届く塔」（同11・4）のある大都市を造り、周辺諸民族を一元的に統合しようとした古代帝国の営みの中に、神と対等になろうとする人間の驕りと神を無視した人間文明の行き詰まりを感じとっていたのかもしれない。人間が「有名になろう」として自らの名を高めることにこだわり、神の名が忘れられたり神との対話が軽んじられたりするとき、人間の社会に混乱を招く恐れのあることが示唆されている。

現代聖書学の知見によると、エデンの園やバベルの塔の物語はヤハウィスト（J資料）に属し、その成立年代は紀元前一〇世紀ごろ、すなわちソロモン王時代（前九六一―九二二治世）の晩年か死後に南ユダで編集されたと推測されている。ダビデは、初代イスラエル王サウルに仕え、サウルがペリシテ人と戦って戦死した後、ユダで王位に就き、都をエブス人の町エルサレムに定めてイスラエルの王となった人物である。彼はすぐれた武人であったと同時に、音楽や詩歌にも秀でていた。少年時代にペリシテ人の巨人ゴリアテを石投げ器で討ち取った話や、ウリヤの妻の入浴の姿を見てこれに欲情を催し、預言者ナタンの忠告に回心した話などエピソードは多い。ウリヤの妻との間に生まれたソロモンが、ダビデの死後に王位に就くことになる。

ソロモンの時代に古代イスラエルは最盛期を迎える。ソロモンは知恵のほまれが高く、二人の遊女の争いを裁いたこと（王上3・16―28）、アラビアの南西シェバの女王が彼の知恵と名声を聞いて訪ねてきたこと（同10・1―13）などが伝えられている。彼はエジプトのファラオの娘を王妃に迎え、フェニキア人のティルスと同盟を結び、諸外国との交易活動により国の経済を発展させた。またエルサレムに壮麗な神殿や宮殿を建設し、小国としては空前の繁栄を極めた。しかしその一方で、民衆に重税と賦役を負わせ、外国出身の異教徒の女性を多く娶り、その影響で偶像崇拝に走るようになる（同11・1―8）。こうしてソロモンの心は唯一神から離れ、彼の死後に国家分裂の危機を招くこととなった。

エデンの園やバベルの塔の物語は、神に取って代わろうとする人間の知恵を風刺し、神の摂理と人間の思いあがり（混乱）をテーマとしたものと考えられる。かりにこれらの物語がソロモン王時代の晩年か死後に編集されたものであるなら、ヤハウィストの記者たちはダビデ王朝に厳しい批判の目を向けていたことがわかる。神の代理者とも言うべき王が、富と権力を手中に収めることを優先し、神の戒めを軽んじ唯一神信仰から遠ざかるなら、やがて自滅の道をたどることにもなりかねない。こうして神の知恵と人間の知恵の二項対立は、時を越えて新約聖書にも引き継がれていく。

ヨブ記

ヨブの苦難

ヨブ記は、旧約聖書の中のいわゆる知恵文学に属し、文学作品としても最高傑作の一つに数えられている。それは対話劇の形式をもった教訓書であり、叙情詩的作品としても特徴づけられる。ヨブ記には、古くから人間社会に存在していた義人の苦難について語られている。すなわち、邪悪で不信心な者がこの世を謳歌する中、正しく信仰深い人がこの世で苦しまなければならないのはなぜか。不条理な世にあって神の正義はどこにあるのか、といった問題提起がヨブ記の根底にある。

「善い行いには報い、悪い行いには罰」という因果応報の教えは、洋の東西を問わず、多くの文化圏において前提とされている倫理観である。とくにイスラエルの伝統では、応報思想はユダヤ教の絶対的な規範である律法と直結し、神の律法に従う者は祝福されるが、それに違反する者には災いが及ぶ（申28章の「祝福と呪い」、箴10・7、14・11）という考えが宗教的な信念となった。しかしこのような応報思想は、現実の日常経験とは必ずしも符合しない。ヨブ記には、信心深く非の打ち所のないヨブに突如として災いが降りかかり、その理由を理解できずに独りもがき苦しむ人間の姿が赤裸々に描かれている。

ヨブの敬虔さを誇らしげに語る神に対して、サタンは「利益（理由）もないのに」（ヨブ1・9）人間が神を畏れ敬うだろうか、と疑問を投げかける。もちろんサタンもヨブの信仰心を疑っているわけではない。そうではなく、サタンは「ヨブが神を信じるのも、神がヨブに多くの恵みを与えているからだ。神を信じても何の報いもなく、逆に災いや不幸がもたらされるならば、彼は神を呪い始めるに違いない」と主張しているのである。人間は本来利己的な生き物であり、その行為の動機も結局は自身の利益を求めてのことではないか。サタンのこの主張は、何にもまして自身の幸福と利益を人生の目的の中心に置きがちな人間の心理を鋭く突いている。ちなみに、ヨブ記の中のサタンは「訴える者」を意味し、神に仕え人間の行状を調査する検察官の役目を果たしており、新約聖書に登場する「神に敵対する悪魔」（マタ4・1―11、ルカ10・18、ヨハ13・27、黙12・9、20・2等）のことではない。

サタンの提案によって、幸福の絶頂にあったヨブは一連の災いに見舞われる。一度目の打撃で、彼は全財産と子供たちの生命を瞬く間に奪い取られる。二度目には、ヨブ自身の全身が当時の人々に最も恐れられていたひどい皮膚病に侵されてしまう。しかもこの二つの災いは、ヨブの窺い知れぬ天上世界での神とサタンとの合意に基づいているという文脈に置かれている。悲劇の主人公ヨブには、天上の会議の舞台裏はまったく明かされていない。突如として不幸のどん底に突き落とされた彼が知り得た唯一のことは、これらの災いが直接に神から下されたということだけである。祝福と恵みを与え続けた神は、まるで掌を返したかのように理不尽な仕打ちを下す。神はヨブをサタンの手に委ねたのであった。

三人の友人と応報思想

ヨブ記の構造は、散文で書かれた序曲と終曲の間に、韻文で書かれた本体部分が挟まれた構成となっている。そしてこの本体部分において大きな割合を占めるのが、ヨブと三人の友人との論争である。序曲では、ヨブは身に覚えのない苦難をひたすら忍耐する敬虔な信仰者として登場する。しかし三章に入るとその態度は一変し、自らの正しさを確信し理由のない苦しみゆえに生を嫌悪し、苦難をゆるす神を糾弾し神に挑戦する人物として描かれるようになる。

ヨブの不幸を慰めるために、三人の友人が東方から駆けつけるが、ヨブの変わり果てた姿に一言も声をかけることができない。最初に言葉を発したのはヨブの方であった。絶望と苦悩の中で、ヨブはわが身を呪いながら見えない神に訴える。

わたしの生まれた日は消えうせよ。男の子をみごもったことを告げた夜も。
その日は闇となれ。神が上から顧みることなく、光もこれを輝かすな。
暗黒と死の闇がその日を贖って取り戻すがよい。（ヨブ3・3―5a）

ヨブは神を呪ってはいないものの、自分が「生まれた日」と「みごもったことを告げた夜」を呪っている（エレ20・14―18）。「消えうせよ」「闇となれ」などの言葉は、ヨブの深い絶望感を表しているだけでなく、天地創造の初めに「光あれ」（創1・3）と発した神の創造行為をも否定する挑発的な言葉である。二章で「主は与え、主は奪う。主の御名はほめたたえられよ」と神を賛美したヨブが、三章以下では神に激しく抗議する人物に変貌し、一貫して自らの潔白を主張するようになる。

この神を冒瀆するかのようなヨブの発言が発端となって、三人の友人との論争が幕を開ける。三人の友人（エリファズ、ビルダド、ツォファル）の性格や思想上の差異については明確には叙述されていない。興味深い点は、三人の主張の相違よりも、むしろその共通性にある。彼らの主張には多くの類似性があることから、ヨブ記記者の時代のユダヤ人の常識的な見解を示したものと考えられる。ヨブとの論争を開始したエリファズは、次のように述べている。

考えてみなさい。罪のない人が滅ぼされ、正しい人が絶たれたことがあるかどうか。
わたしの見てきたところでは、災いを耕し、労苦を蒔く者が
災いと労苦を収穫することになっている。
彼らは神の息によって滅び、怒りの息吹によって消えうせる。（ヨブ4・7—9）

ここには神の正義に基づいた「善人繁栄、悪人滅亡」の考えが、農耕栽培のアナロジーとして語られている。つまり、不法を行った者はその結果として（自ら耕した）災いと（自ら蒔いた）労苦を収穫し、神の怒りの息吹によって滅ぼされることになる。もし善因が楽果を生み、悪因が苦果を生じさせるとすれば、現在のヨブの災いは彼の過去の悪行の結果にほかならない。こうして因果応報の教えは、必然的に現状を肯定し正当化する根拠となる。まさ

しく自業自得という言葉のとおり、ヨブは過去に蒔いた悪の種の実を今刈り取っていることになる。「罪の結果、苦しみを味わって死に至る」という伝統的な教えを、エリファズは確信を持って友人のヨブに説いたのである。

ヨブは絶望的な苦しみの中にあっても信仰を失ったわけではなかった。しかし不条理な現実の闇に飲み込まれたヨブにとって、その闇の深さを理解できず、寄り添ってくれない友人の言葉は空しく響くだけである。ヨブは自分と神との間に仲裁者のいないことを訴え、ただ神自身と出会うことだけを望む。ヨブは繰り返し自身の無実を主張するが、展開された論争に疲れ果て、やがて沈黙が支配する。そしてついに神がヨブに語りかける。神はヨブに何を語り、その言葉は苦悩するヨブにとって答えとなり得たのであろうか。

神の応答

孤独と苦悩の中で、生きる意味を失ったヨブの嘆きの言葉には一貫性がなく、闇の世界を強調し混乱を表しているものが多い。既述したように「消えうせよ」「闇となれ」などの言葉は、ヨブの絶望を表しただけでなく、初めに「光あれ」（創1・3）と発した神の創造行為を否定し、創造された世界を無化する挑発的な言葉と言える。これは世界の秩序がヨブの中で破綻し、意味世界がことごとく崩壊したことを語っている。しかしヨブがどんなに自らを覆う死の影と闇の大きさを力説しようとも、神は大自然や動物や鳥たちの事例を次々に示しヨブを問い詰めていく。そして神が創造した世界の秩序が、今も変わらずに維持されていることを厳然たる事実として主張する。さらに、神は天地創造前の混沌を象徴する神話上の怪物ベヘモットとレビヤタン――ベヘモットはカバ、レビヤタンはナイルワニを念頭に置いた原始の怪物――を引き合いに出し（ヨブ40・15、25）、これらの巨大獣でさえ被造物にすぎないことを説いて自らの超越性を強調している。

これは何者か。知識もないのに、言葉を重ねて、神の経綸を暗くするとは。
男らしく、腰に帯をせよ。（ヨブ38・2―3）

知らず知らずのうちに自分を世界の中心に置き、その立場から神さえも批判の対象としていたヨブへの神の一喝である。神は砂嵐の中からヨブに応答したが、それでもって苦難の理由が解き明かされたわけではなかった。しかしヨブは神の応答に満足し、この世界を統治する知恵が創造者にしかないことに納得する。長い葛藤の末に神を体験したヨブは、回心の言葉を口にする。義人の苦難をめぐって神との全面対決を試みたヨブの心に平和が訪れた瞬間である。

人間の知には限界があり、どんなに知恵や知識を総動員しても、すべてのことを理解することはできない。われわれが生きていくうえで、理不尽に思うことや矛盾を感じることは確かに多い。ごく身近に日常的にそれらは存在する。もちろんそれらを運命として受けとめて諦めることも可能である。しかし身の周りの問題に対して傍観者的な態度をとらず、現実を直視しつつ主体的に生きる生き方もまた可能である。ヨブは伝説上の人物として描かれている。人間の歴史の中で、ヨブと同じように身に覚えのない苦難や災害に見舞われ、さまざまな苦しみや悲しみを背負いながらこの世を生き、そしてこの世を去った人たちはどれくらい存在したのだろうか。旧約の時代に書かれた作品が、希望と勇気を与える書として今日にまで読み継がれている秘密がそのあたりにありそうである。

二　新約聖書における知恵

福音書

イエスと神の国

イエスが公生活を開始してから一貫して主張したメッセージは、「時は満ち、神の国は近づいた。悔い改めて福音を信じなさい」（マコ1・15）という文章に要約される。「神の国」

という言葉には、どうしても空間的なイメージが伴うが、本来の意味は「神の王的支配」である。それは天国とか死後の世界のことではなく、この地上の世界に打ち立てられるべき神の愛と正義の支配を意味する。

当時のユダヤ人にとって、神の国の到来は異民族の支配からの解放を意味し、しばしば軍事的な勝利による政治的独立や繁栄を意味した。しかし、イエスは人々が「東から西から、また南から北から来て、神の国で宴会の席に着く」（ルカ13・29）と述べている。つまり、イエスの説く神の国は、ユダヤ人だけでなく（東西南北の）異邦人も含まれる、すべての人に開かれた喜びに満ちた世界であり、異邦人に対するユダヤ民族の支配を意味するものではない。

ちなみに、キリスト者が日々唱える祈りに「主の祈り」（マタ6・9―13、ルカ11・2―4参照）と呼ばれるものがあるが、その中に「み国が来ますように」という一節がある。これは、神の国がこの地上に来ますようにと願う祈りであり、「み国に行けますように」という内容ではない。この祈りの根底には、父である神こそが世界の創造者であり、歴史の導き手であるという揺るぎない信頼がある。イエスの時代のパレスティナは、古代ローマ帝国の属州であり、貧富の格差が拡大し、民衆の多くは重税と貧困にあえいでいた。彼らは日々の困難の中で、神自身がこの現実の世界に介入し、正しい裁きを行い、正義と平和が実現されることを切望していたのである。

神の知恵と人間の知恵

旧約聖書には、知恵文学と呼ばれる一連の文書群があり、歴史書や預言書と区別されている。知恵文学の成立は、バビロン捕囚後のおよそ前四世紀から前一世紀末ごろの間とされ、前章で扱ったヨブ記もその中の一つである。知恵文学における知恵の特徴としては、他者との関わりを重視し、施しの行い（シラ7・32―34、トビ4・7―11）、社会正義の尊重（箴11・1、17・15）、貧者への配慮（箴14・31、17・5、シラ4・1―10）など具体的な勧めを促しているものが多い。苦境に立つ隣人を実際に助けることが知恵の働きであり、愛ある行いとされる。また、神の知恵が女性の姿で擬人化されていることも特徴の一つと言える（シラ24・19―22、箴9・1―6）。このように人格化された神の知恵は、新約聖書ではイエス自身が神の知恵として語られるようになり（マタ11・25―28、ヨハ6・35）、イエスの「神の子」としての神秘的な性格を垣間見せている。

本項では、マタイ福音書一一章を取り上げ、神の知恵について人間の知恵と対比させながら考察したい。

天地の主である父よ、あなたをほめたたえます。これらのことを知恵ある者や賢い者には隠して、幼子のような者にお示しになりました。そうです、父よ、これは御心に適うことでした。（マタ11・25―26）

福音書の中で、イエスはしばしば神を「父よ」（Pater）と呼び、信頼をこめて語りかけている。ここで使われている「パーテル」は、イエスが神に対して呼びかけたアラム語の「アバ」（Abba）のギリシャ語訳と推測されている。アバは幼児が父親を呼ぶときの親しみを込めた言葉で、パパとかお父ちゃんにあたる。イエスの祈りは、幼い子どもが慈しみ深い父親に話しかけるような単純さと親近感によって特徴づけられる。

「これらのこと」とは「神の国」の神秘と解釈される。神の国の秘密が、知恵ある者や賢い者には隠され、幼子のような者に明らかにされたということである。「知恵ある者や賢い者」とは、この世の知者、それを自負する者のことであるが、ここでは律法学者やファリサイ派の人々を指す。彼らは、当時のユダヤ社会のエリート集団で、ユダヤ教の律法や慣行に精通し民衆の尊敬を集めていたが、福音書ではイエスの論敵として描かれることが多い。福音書において彼らユダヤ教の指導者層は、安息日規定、食物規定、清浄規定等を教条的に遵守する律法主義者として批判されている。

ただし、ファリサイ派に関する福音書の記述に関しては一つ注意すべき点がある。それは福音書が、史的ファリサイ派について必ずしも正確な情報を伝えているとは限らないことである。というのも、福音書の記録は西暦七〇年以降のものであり、第一次ユダヤ戦争によるエルサレム神殿崩壊以前の事柄についての直接の証言とは言い難いからである。おそらく次世代における「初期キリスト教 vs ユダヤ教」の対立関係が、イエスの公生活中の出来事として投影された可能性があることに留意すべきである。

一方の「幼子のような者」と訳された「ネーピオス」は、文字通りには「幼子」、比喩的に「無学な者」を指す。神の国の秘密が知者や賢者には隠される反面、イエスの弟子たちのような無学な者に明らかにされた。これは神の国の奥義が人間の知恵によって解明されるものではなく、信仰によって示される（啓示される）ものであることを意味する（マタ16・17、ガラ1・15―16参照）。神は天地万物の創造者であり、人間には全知全能の神の思いを推し量ることなど到底できない。しかし絶対他者ともいうべき神に「アバ」と親しく語りかけ、この地上に「神の国」の喜びをもたらしたイエスを通して、われわれはすべての源である父なる神のもとに導かれていく。信仰のまなざしで見つめてみると、イエスの言葉と行いの一つひとつが、神の知恵の現れであり恵みあふれる救いの出来事なのである。

イエスと神の知恵

疲れた者、重荷を負う者は、だれでもわたしのもとに来なさい。休ませてあげよう。わたしは柔和で謙遜な者だから、わたしの軛を負い、わたしに学びなさい。そうすれば、あなたがたは安らぎを得られる。わたしの軛は負いやすく、わたしの荷は軽いからである。（マタ11・28—30）

マタイ福音書のこの箇所は、旧約聖書の知恵文学に立脚した言葉である。具体的には紀元前二世紀に成立したとされるシラ書に、次のような言葉がある。

わたしのそばに来なさい、無学な者たちよ、学舎で時を過ごしなさい……わたしは口を開いて語ってきた、知恵を得るのに金はかからないと。軛の下にお前の首を置き、魂に教訓を教え込め。知恵はすぐ身近にある。目を開いて見よ。わずかな努力で、わたしが多くの安らぎを見いだしたことを。（シラ51・23—27）

シラ書は『集会の書』とも『ベン・シラの知恵』とも呼ばれ、知恵文学に分類されている。

この書はカトリック教会と正教会では聖典とされ旧約聖書に含まれるが、ユダヤ教とプロテスタント諸派においては「外典」として扱われている。ヘブライ語で書かれた原文は長い間失われていたが、近年になってその三分の二が発見されたという。上記のシラ書五一章で擬人化されている「わたし」(=神の知恵)が与えるという「軛《くびき》」や「安らぎ」を、マタイ福音書ではイエス自身が与えるとしている。マタイによれば、イエスは「ソロモンにまさるもの」(マタ12・42)であり、その言葉と行いにおいて「神の知恵」にほかならない。そのようなイエスが、「疲れた者、重荷を負う者は、だれでもわたしのもとに来なさい。休ませてあげよう」と、弟子たちに呼びかけているのである。

一般に「軛」は農作業や車輛の牽引のために牛馬の頸の後ろにかける横木のことで、比喩的に自由を束縛するものを意味する。軛に繋がれた二頭の牛(もしくは馬)は「一対《ペア》」となって田畑などで労働力として働かされる。また「重荷」を律法学者やファリサイ派が民衆に負わせている煩雑な宗教的義務と解した場合、イエスは律法の遵守をすべて免除するのではなく、むしろ「わたしの軛」を負って学ぶことを求めている。しかしその場合、イエスが要求する「わたしの軛」とは何を意味し、その軛を負うことで「あなたがたは安らぎを得られる」とはどういうことなのだろうか。そこには深い意味が隠されているように思われる。

イエスの時代、律法には大小合わせて六一三の掟があったと言われている。イエスはユダヤ教徒として、律法の重要性を否定しておらず、神殿税を納め（マタ17・24—27）、癒しの規定を守り（マコ1・44、ルカ17・14等）、過越祭の掟に従ってエルサレムに巡礼した。ただし、ファリサイ派のように形式主義に陥らず、律法に優先順位をつけている。すなわち、律法の中でも「神への愛と隣人愛」（マコ12・29—31）を最優先し、その他の安息日、食物、清浄等の規定はこの「愛の掟」の前では相対化されている。たとえば、イエスが安息日に病者を癒し（マタ12・9—14）、空腹の弟子たちが麦の穂を摘んで食べるのをゆるしたのも（ルカ6・1—5）、厳格な律法遵守よりも人間愛を重視したイエス自身の価値観に基づいた行動と考えられる。

一一章二八節の「疲れた者、重荷を負う者」は、イエスの弟子たちや当時のユダヤ民衆のみに限るものではない。広い意味では、現代世界においてもたくさんの人が背負いきれないほどの重荷を負い、日々の生活に疲弊し、物質的にも霊的にも飢え渇いている。誰もが生活に不安を抱え、孤独を感じ、何らかのささえを必要としているのである。「わたしの軛を負い、わたしに学びなさい。そうすれば、あなたがたは安らぎを得られる」というイエスの言葉には不思議な力がある。イエスが「神の国」の喜びをもたらす者であり、あふれる生命と知恵の持ち主であるのなら、われわれはイエスの軛を担いイエスと「一対」になることで、人生の意味と本当の愛を知ることができるのではないだろうか。イエスと共に人生を歩み、イエスと共に悲しみや苦しみを経験することを通して、われわれは「信仰に生きる」ことの真の意味を悟るようになるのではないかと思う。

世界の初めに、アダムとエバが暮らしていたエデンの園の中央には「命の木」と「善と悪を知る木」が聳え立っていた。そして今、われわれの前には一本の「十字架の木」が立っている。ゴルゴタの丘に立つイエスの「十字架の木」については、使徒パウロの言葉の一つひとつに耳を傾けたい。

パウロの手紙

原始キリスト教の揺籃期にパウロが果たした役割は大きく、パウロなしに世界宗教としてのキリスト教の成立はあり得なかったといっても過言ではない。パウロは復活のイエスと出会うことによって、ユダヤ教ファリサイ派から「異邦人の使徒」へ回心した人物である。ダマスコ途上での回心の体験（ダマスコ体験）こそ、使徒パウロの信仰と神学の原点である。

パウロの手紙として新約聖書には十三の手紙が伝わっているが、現在研究者の間で問題なくパウロの真筆性が認められているものは、ローマ書、一、二コリント書、ガラテヤ書、フィリピ書、一テサロニケ書、フィレモン書の七つとされている。したがって、本論文においてもこれら真正パウロ書簡を中心に扱うこととする。

復活のイエスとの出会い

パウロは、イエスとほぼ同時代を生きたディアスポラのユダヤ人で、キリキア州の文化都市タルソス出身とされる。ローマ市民権を有し、青年時代にはエルサレムで律法を専門に学び、ファリサイ派に属していた。ユダヤ教伝統とヘレニズム文化の薫陶を受けたパウロが教会を激しく迫害した理由は、彼自身の言葉によれば、律法や先祖からの伝承に対する「熱心さ」からであった（フィリ３・６、ガラ１・14）。律法中心の生き方に徹していたパウロにとって、十字架上で刑死したナザレのイエスは「神に呪われた者」（申21・22―23）であり民衆の扇動者にすぎず、イスラエル民族のメシアであるはずがなかった。このような考えを抱いていたパウロが、イエスを「神の子」「メシア」と信奉する同胞のユダヤ人キリスト者たちに憤りを覚え、彼らの教会を破壊することこそ自らの使命と考え、迫害の急先鋒となったのも自然の成り行きだったと思われる。

ところが、ダマスコ周辺でパウロの人生に大きな転機が訪れる。永遠に断罪され闇の彼方に消えたはずの人が、迫害者パウロに現れ力強く働きかけたのである。このパウロの回心について、ルカの著した『使徒言行録』には三度（９・１―19、22・１―21、26・９―18）記述されているのに対し、パウロ自身は控えめに、しかも論争の過程でやむを得ない場合にのみ扱っているにすぎない。わずかの箇所（ガラ1・15—16、一コリ9・1、15・8、フィリ3・7—8）ではあるが、そこにはパウロの生き方を一変させた復活のイエスとの出会いが明言されている。ここでは紙面の関係上、フィリピ書三章七—八節のみを取り上げることとする。

しかし、わたしにとって有利であったこれらのことを、キリストのゆえに損失と見なすようになったのです。そればかりか、わたしの主キリスト・イエスを知ることのあまりのすばらしさに、今では他の一切を損失とみています。キリストのゆえに、わたしはすべてを失いましたが、それらを塵あくたと見なしています。（フィリ3・7—8）

パウロはここでダマスコ体験について直接に言及していないものの、彼の価値観に劇的な変化が生じたことは疑い得ない。なぜなら、「わたしにとって有利であったこれらのことを、キリストのゆえに損失と見なすようになった」からである。ここで注目すべき点は、パウロが自身のユダヤ教的過去を「主キリスト・イエスを知る」という新たな評価の基準によって相対化していることである。つまり、これらのこと（ユダヤ人としての出自の正統性、ファリサイ派としての誇り、律法遵守の道徳性など）は、回心前のパウロにとって救いの根拠であり、彼のアイデンティティーを形成していた重要な価値であったが、（回心した）今ではキリストを「知る」ことのすばらしさのゆえに相対化され、しかもそれらを「塵あくた」と見なすまでに至っている。

「知る」という語は、聖書の用法では主体と対象との全人格的な関わりや体験を意味する。パウロにおいても「知る」とは、ただ単に対象を客観的に認識する理知的な知識ではなく、対象であるキリストとの出会いによって成立する全人的な関わりを指している。しかもここでパウロは「わたしの主」と表現していることから、彼自身の「キリストへの信仰」を表明した信仰告白の言葉として理解することができる。パウロは「キリストのゆえに」すべてを失ったが、それまでのユダヤ人としての宗教的特権も誇りも実績も、回心後の彼にとってはもはや価値のないものとなってしまったとしている。

律法の義と信仰の義

パウロの宣教活動における試練の一つにアンティオキア事件があげられる。パウロ研究者の佐竹明氏によると、この事件は西暦四九年春ごろに起こった出来事とされている。事の発端は、十二使徒の一人ペトロがアンティオキア教会を訪問したことであった。ペトロは最初のうちは異邦人キリスト者と食卓を共にしていたが、ヤコブのもとから遣わされたユダヤ主義者（律法主義のユダヤ人キリスト者）たちがやって来ると、彼らを恐れて異邦人キリスト者と食卓の交わりをしなくなってしまった。つまり、エルサレムから来たユダヤ人キリスト者の目を意識して明らかに態度を変えたのである。このペトロの変節をパウロは見逃さずに真っ向から非難した。

もしペトロのように食物規定の律法にこだわるならば、ユダヤ教に由来する食物規定を守らない異邦人キリスト者を教会の共同体から排除することになりかねない。それは教会分裂の危険性をはらみ、律法主義への逆行を意味する。ペトロの態度の変化にパウロは誰よりも強い危機感を抱いたと思われる。パウロはペトロに、「あなたは（中略）異邦人のように生活しているのに、どうして異邦人にユダヤ人のように生活することを強要するのですか」（ガラ2・14）と言って公然と批判した。

この事件に直面して、パウロはユダヤ人と異邦人の両者から成る教会司牧の難しさを肌で感じたことであろう。ペトロのユダヤ教的な態度は教会を律法主義に後戻りさせることになり、それはキリストの福音が律法の規定によって無力化されることをも意味する。パウロにとって福音の真理と教会の一致が危機に晒される事態だけは絶対に避けたかったに違いない。

人は律法の実行ではなく、ただイエス・キリストへの信仰によって義とされると知って、わたしたちもキリストを信じました。これは、律法の実行ではなく、キリストへの信仰によって義としていただくためでした。なぜなら、律法の実行によっては、だれ一人として義とされないからです。（ガラ2・16）

人間が義とされる（＝神との関係において正しい者とされる）のは、律法の実行によるのではなく、キリストへの信仰による。この言葉は、ダマスコ途上で復活のイエスと遭遇し、律法中心からキリスト中心の生き方に変えられたパウロの実体験に基づいている。彼は「律法の実行」と「キリストへの信仰」を二者択一の関係ととらえ、救いの根拠を後者に置いた。しかしこのようなパウロの断固たる主張にもかかわらず、彼がこの論争に敗れたことは明白である。なぜなら、他のユダヤ人キリスト者もペトロの態度に同調し、パウロの同労者であるバルナバさえも見せかけの行いに引きずられて、異邦人との食事の席から退いたからである。ペトロとの衝突を機に、パウロは活動の拠点であったアンティオキア教会から離れ、バルナバとも別行動を取るようになった（使15・36―41）。

この事件がパウロにとって痛手となったのは事実であるが、だからといってアンティオキア教会とパウロの関係が決定的に修復不能となったわけではない。というのも、第二回・三回宣教旅行の拠点もアンティオキアであり、ガラテヤ書と執筆時期の近い一コリント書の中でも、パウロはペトロとの対立や不和を仄めかすことなく、むしろペトロの名前を何度もあげているからである（一コリ1・12、3・22、9・5、15・5）。「キリストへの信仰」に基づき、割礼や安息日、食物規定等の遵守を負わせる律法主義から自由に宣教を行ったパウロにとって、「もはや、ユダヤ人もギリシア人もなく、奴隷も自由な身分の者もなく、男も女も」（ガラ3・28）区別する必要などいっさいなかったのである。

パウロにとって信仰とは、端的に言うと、「心を尽くし、精神を尽くし、思いを尽くし、力を尽くして」（マコ12・30）キリストを愛することであり、キリストのためにすべてを捧げることであった。彼は福音を証しするために地中海世界を東奔西走し、そのためには自身の命さえ惜しまなかった。パウロの最期については新約聖書のどこにも書かれていないが、古くからの伝承によるとローマ皇帝ネロの時代に斬首刑で殉教したとされている。異邦人の使徒として福音宣教に従事したパウロが、いかに苦労したかについては次の言葉が如実に語っている。

　苦労したことはずっと多く、投獄されたこともずっと多く、鞭打たれたことは比較できないほど多く、死ぬような目に遭ったことも度々でした。ユダヤ人から四十に一つ足りない鞭を受けたことが五度。（中略）難船したことが三度。一昼夜海上に漂ったこともありました。しばしば旅をし、川の難、盗賊の難、同胞からの難（中略）飢え渇き、

しばしば食べずにおり、寒さに凍え、裸でいたこともありました。（二コリ11・23—27）

神の知恵と人間の知恵

アンティオキア事件の後、パウロは第二回宣教旅行に出かけるが、コリント宣教の前哨戦ともいうべきアテネでの論争は「アレオパゴスの説教」（使17・16—34）として知られている。論争相手はエピクロス派やストア派など数名の哲学者であったが、パウロは町中で「知られざる神に」（同17・23）と刻まれた祭壇を見つけたことで、ギリシアの神々と自身の信じる創造神を対比させながら論陣を張った。若いころに習得した修辞学や哲学的教養を駆使しての論争だったと思われる。ところが、いざ本題である「死者の復活」について話し始めると、人々はあざ笑い、パウロはその場を立ち去らざるを得なかった。アテネでの宣教に失敗したパウロは、次いで訪れたコリントでは徹底して「十字架のキリスト」を強調するようになる。

十字架の言葉は、滅んでいく者にとっては愚かなものですが、わたしたち救われる者には神の力です……ユダヤ人はしるしを求め、ギリシア人は知恵を探しますが、わたしたちは、十字架につけられたキリストを宣べ伝えています。（一コリ1・18—23）

コリントの町で福音を伝えるに際し、パウロは「言葉の知恵」（一コリ1・17）や「世の知恵」（同1・20）を用いず、「十字架の言葉」をもって信仰を証しすることに努めた。秘められた神の救いの計画を伝えるのに、彼は人間の知恵、教養、弁論術に由来するものをあえて用いなかったが、それはキリストの十字架がむなしくならないためだとしている（同1・17）。使徒の任務はキリストの福音を宣教することであり、福音のメッセージはすべての人に向けられたものである。したがって、一部の知識人のみを対象とした優れた言葉や知恵にあふれた雄弁は無用であり、パウロはキリストの十字架を伝えることだけに専念する。

ユダヤ人は神からのしるし（奇跡）を求めるが、神がしるしとして与えたのは、イエスの受難と十字架であった。しかし栄光に満ちた地上的メシアを待ち望む彼らにとって、十字架にかけられたイエスが神の全知全能のしるしであることなど想像すらできなかった。なぜなら、彼らにとって「木にかけられた死体は、神に呪われたもの」（申21・23）であり、つまずき以外の何物でもなかったからである（一コリ1・23）。一方、ギリシア人は理性を働かせて知恵を探し求めるが、この世の知恵で「十字架につけられたキリスト」の神秘を解き明かすことはできない。十字架刑は、当時の重犯罪者や奴隷などに科せられた残酷な見せしめの刑罰であり、十字架上で殺されたイエスを「神の子」と伝えることは異邦人にとってはまったく愚かで無意味なことだったからである。

彼らが抱いていたイエス観に対し、パウロは次のように主張する。ユダヤ人であれギリシア人であれ、キリスト者として召された者にとって、十字架のキリストは死を通して復活をもたらす神の救いの力である（同1・24）。人間の目には愚かで無価値と見える十字架によって、キリストを信じるすべての者を永遠の生命に導くところに神の救いの計画が示され、神の知恵が明らかにされている。

キリストと共に

わたしは神に対して生きるために、律法に対しては死んだのです。わたしは、キリストと共に十字架につけられています。生きているのは、もはやわたしではありません。キリストがわたしの内に生きておられるのです。（ガラ2・19―20）

ここでパウロは、神に対して生きるために、「律法に対しては死んだ」と言っている。つまり、神の支配下に生きるために、律法の支配下にあって律法を厳守する人間として生きることをやめた、という意味に解される。これまでもパウロは「律法の実行」と「キリストへの信仰」を二者択一の関係に置き、信仰による義を主張してきたが、特に一九節の「キリストと共に十字架につけられています」（傍点筆者）という表現は注目に値する。この動詞の時制は完了形で、過去に起きた出来事が現在にまで影響している状態を表している。すなわち、パウロは「（わたしは）キリストと共に十字架につけられ、今なお十字架につけられている」と言い、キリストの十字架が自分にとって実存的な意味を持ち、自分の人生がキリストの受難と死に深く関わっていると明言している。

二〇節では「キリストと共に十字架につけられて」死んだパウロにおいて、「生きているのは、もはやわたしではは」なく、「キリストがわたしの内に生きておられる」ことが説明されている。つまり、生きている主体は、もはや「わたし」ではなく「キリスト」である。キリストが「わたしの内に」生きているのである。これは「キリストによって、キリストと共に、キリストの内に」わたしが生きていることを意味し、キリストとわたしとの一体化を表している。この箇所にはキリストとの共死・共生というキリスト者の霊性に関わるパウロの根本思想が示されている。

キリストとの共死・共生に関連して、一つの事例を紹介したい。一六世紀に活動したドイツ・ルネッサンスを代表する画家M・グリューネヴァルトは、イーゼンハイム祭壇画を描いたことで知られている。この祭壇画はイーゼンハイムにある聖アントニウス会修道院付属の施療院のために描かれ、この施療院ではペストや麦角中毒患者の治療が行われていたようだ。

中でも中央パネルに描かれた「キリスト磔刑」には、十字架上のイエスがさまざまな吹き出物や皮膚病に侵されている姿が生々しく描写されている。これは当時のヨーロッパ諸国で流行した疫病の苦しみを、イエスが担っていることを表したものとされる。百瀬文晃師によると、この磔刑図にはイエス自身が民衆の苦しみや痛みを担っているという信仰、そして自分たち人間の苦しみは十字架上のイエスの苦しみへの参与であるという信念を見いだすことができるという。悲惨極まりない現実が、いつの日か神の新しい創造の業によって復活の栄光に変えられるという希望こそ、彼らにとっての救いだったのである（『キリスト教の原点』教友社、一九六頁）。

おわりに

もし神が全知全能であるなら、なぜこの世に悪は存在するのか。もし神が愛であるなら、どうして無実の人が悲惨な事件や事故に巻き込まれ、災害に見舞われて苦しまなければならないのか。旧約聖書のヨブ記に始まり、古来より人間が抱き続けたこうした問いに、世の知者や賢者はいかなる答えを持ち合わせているのだろうか。おそらくどれほど言葉と知識を尽くしたとしても、納得のいく答えを見いだすことは難しいように思われる。

この難問に答えることは、キリスト教にとっても同様に難しい。しかしそこには紛うことなき一つの道標がある。それは「十字架のキリスト」である。マタイ福音書には、イエスは疲れた者や重荷を負う者に寄り添い、人生の旅路を共にする唯一無二の同伴者として描かれている。またパウロによると、人間の目には愚かに見える十字架によって、イエスを信じるすべての人を永遠の命に導くところに神の救いの計画が示され、神の知恵が明らかにされている。隣人への愛に生き愛に死んだイエスのように、われわれも他者のために祈り、他者のために自らの命を削る覚悟が問われている。

創世記の「蛇の誘惑」や「バベルの塔」の物語では、神の戒めに逆らう偽りの知恵や人間の思いあがりが問題とされていた。そして、今日の科学技術時代を生きるわれわれにとっても、生と死をめぐる諸問題をはじめ神の領域に立ち入ることについては、きわめて慎重な姿勢が求められる。「主を畏れることは知恵の初め」（箴1・7）。聖書が語るこの言葉の意味を今改めて噛みしめるべきであろう。

知恵は人間を愛する霊である（知恵1・6）

――福音書と『福音の喜び』からの問いかけ――

梶山　義夫

知恵は、さまざまな領域において働く。「知恵は地の果てから果てまでその力を及ぼし、慈しみ深くすべてをつかさどる」（知8・1）とあるとおりである。個人的な段階では、身体を基礎として、情緒的領域、知的領域、倫理的領域、宗教的領域などのすべてに知恵は働きかける。また人と人との出会い、家族や地域、民族や国家、そして全人類という段階まで知恵は働きかける。神が創造し続けるさまざまな領域まで知恵は働きかける。その働きは、人間を愛する霊として、慈しみ深く神が司ることができるように働く。

イエス・キリストは神の知恵である（一コリ1・30参照）。私たちは神の知恵であるイエス・キリストを宣べ伝える使命を受けている（一コリ1・24参照）。この使命は、一人ひとりが復活されたイエスに出会い、イエスから呼びかけられたものであり、一人ひとりが信仰に基づいて決断して果たすものであるため、パーソナルな使命である。しかしこの使命は決して個人の内面や私生活の道徳の段階に留まるプライベートなものでは決してない。政治や経済の環境の分野を含めて、社会的な広がりを常に持つパブリックなものである。復活されたイエスにおいて私たちがいただく知恵は、一人ひとりの人間を愛する霊であり、それゆえにその知恵は、すべての人が喜びのうちに生きることができる社会の構築を目指す霊なのである。知恵は、想起させる力である。イエスの生涯、その死と復活を想起させる霊であり、またイエス・キリストが共に歩む、人間の歴史を想起させる霊である。歴史の流れの中で、しっかりと過去と向き合い、真実を見極めるように私たちを招く。またその知恵は、社会を分析する霊でもある。社会の中でどのような力が働いているかを識別する霊である。歴史を振り返るにせよ、社会を分析するにせよ、その知恵は人間を愛するために、歴史や社会の果てから果てにまで働きかける霊である。政府やメディアが覆い隠そうとする出来事を明るみに出そうと招く霊であり、社会の底辺あるいは社会の外に追い出された人々の苦しみをつぶさに見て、その叫びに耳を傾け、痛みを共にするように招く霊である。

今日、私たちがこの使命を果たそうとするとき、礎となるのは福音書をはじめとする聖書であり、最も参考になるのは、教皇フランシスコの『福音の喜び』である。『福音の喜び』

は神からの知恵を豊かに受けた使徒的勧告である。ここでは、福音書に示されたイエスの姿や『使徒言行録』やパウロ書簡を思いめぐらしながら、『福音の喜び』を読み、私たちの福音宣教の使命を考えたい。なお聖書の引用は『聖書協会共同訳』（日本聖書協会、二〇一八年）、『福音の喜び』の翻訳やカッコ内の数字は、『福音の喜び』（カトリック中央協議会、二〇一四年）に準じている。

イエスはガリラヤからナザレに来て、ヨルダン川でヨハネから洗礼を受けられた。そしてすぐ、水から上がっているとき、天が裂けて、霊が鳩のようにご自分に中へ降って来るのを御覧になった。すると、「あなたは私の愛する子、私の心に適う者（直訳、私はあなたを喜ぶ）」と言う声が、天から聞こえた。……ヨハネが捕らえられた後、イエスはガリラヤへ行き、神の福音を宣べ伝えて、「時は満ち、神の国は近づいた。悔い改めて、福音を信じなさい」と言われた。（マコ1・14、15）

イエスが洗礼を受けた際に聞いた神の言葉は、イエスの福音宣教の原点である。イエスは神に子として愛され、喜ばれているという体験から、愛と喜びの人となり、神の愛と喜びを宣べ伝える。イエスの生涯を通じて、イエスのあり方やその働きを動かしているのは、この神体験である。イエスは神のこの言葉が自分個人だけに与えられたのではなく、イエスが出会うすべての人に向けられている言葉であることを悟りながら、神の国のために自らを捧げ尽くした。つまりすべての人は神が自分の子として愛している存在であり、また神の喜びの源泉であるという神の現実が、この世界においても目に見える現実になるように、イエスは自らを捧げたのである。神の国の福音を宣べ伝えるのが、私たちの使命であるが、その喜びとは根本的に、すべての人に対する神の喜びである。この神の喜びが福音宣教の最深の動機であり、目的である。またイエスのこの神体験は、神の国の福音を伝え、人々と出会う中で、さらに深められ新たにされていった。

『福音の喜び』は告げる。

・何よりも福音は、わたしたちを愛し救ってくださる神にこたえ、他者の中に神を見いだし、すべての人の善益ために自分から出て行くようにと招くのです。(39)

・福音宣教の第一の動機、それは、わたしたちが受けているイエスからの愛であり、イエスをますます愛するようにとわたしたちを促す、救いの体験です。(264)

イエスは聖霊に満ちて、ヨルダン川から帰られた。そして、霊によって荒れ野に導かれ、四十日間、悪魔から試みを受けられた。その間、何も食べず、その期間が終わると空腹を覚えられた。そこで、悪魔はイエスに行った。「神の子なら、この石にパンになるよう命じたらどうだ。」イエスは、「人はパンだけで生きるものではない」と書かれてある」とお答えになった。さらに悪魔はイエスを高く引き上げ、一瞬のうちに世界のすべての国々を見せて、こう言った。「この国々の一切の権力と栄華を与えよう。それは私に任されていて、それと思う人に与えることができるからだ。だから、もし私を拝むなら、全部あなたのものになる。」イエスはお答えになった。「あなたの神である主を拝み、ただ主に仕えよ。」と書いてある。そこで悪魔はイエスをエルサレムに連れて行き、神殿の端に立たせて言った。「神の子なら、ここから飛び降りたらどうだ。なぜなら、こう書いてあるからだ。「神はあなたのために天使たちに命じて、あなたを守らせる。」……イエスは、「あなたの神である主を試みてはならない」と言われているとお答えになった。（ルカ4・1—12）

「神の子なら、この石にパンになるよう命じたらどうだ」。イエスが受けた第一の誘惑である。命じただけでパンができたらどんなに便利かと思ってしまう。福音宣教には苦労が伴う。苦労を逃れて、口先だけで福音を宣べて成果を得ようとする誘惑、怠惰への誘惑がまず待ち受けている。

私たちはふつうパン屋などでパンを買う。しかし考えてみると、一つのパンには小麦を栽培した農業関係者、小麦粉を製造する工業関係者、パンを製造する関係者、さまざまな段階の流通関係者、働く人々の移動を支える交通関係者の仕事が多様に重なり合っている。一つひとつのパンが「大地の恵み、労働の実り、私たちのいのちの糧」なのである。それぞれのパンがおいしいかどうかは、素材や焼き方、そして食べる人の好みにもよるだろう。しかし神にとっておいしいパンであるかどうかは、作物が育つ大地が汚染されていないかどうか、労働者の賃金や労働環境がどのような状況にあるかによる。神が創造する美しい大地を土壌として、労働者の尊厳が守られている状況の中で、パンは真にいのちの糧となる。日本では二〇一一年三月に発生した福島第一原子力発電所事故による放射性物質の影響が続く中、すべての原子力発電所を廃止すべきであるが、原子力発電所が再稼働し始めている。また労働環境を見れば、奴隷のように働かされている人々がいるのが現状である。

ミサでも同様である。ミサで使用されるホスティアやぶどう酒、そして私たちの日々の糧が、神の創造する美しい大地の恵みなのか、人権を守られた労働者の実りなのかが問われている。

『福音の喜び』は告げる。

・現代は、奉献生活者を含めて、司牧に関わる人々の多くに、自由やくつろぎのための個人的な空間に対する過度の関心が見られます。……多くの福音宣教者においては、祈ってはいながらも、個人主義、アイデンティティの危機、そして熱意の低下が際立っています。その三つの悪は、互いに作用し合います。(78)

「この国々の一切の権力と栄華を与えよう。………もし私を拝むなら、全部あなたのものになる」。悪の誘惑は、まず富、次いで名誉、そして傲慢、最終的に破滅への道を歩むように導く。個々人だけではなく、国家、民族、宗教団体に対しても同じように唆す。

昨年は、明治維新一五〇年と言われた。確かに日本のこの五〇〇年程度の歴史を眺めると、明治維新前後は大きな変革期であった。長く続いた身分制社会がある程度崩れ、市民社会への道のりを歩み始めた。その日本が目指したのは、富国強兵、そして支配権の拡大である。

支配権の拡大は明治維新直後、佐賀県、山口県、鹿児島県などにおける「賊徒征討」と並行して、琉球と北海道に対して始められ、二つに地域を植民地化していった。一八九四年から翌年にかけて行われた日清戦争以降、日本は断続的に戦争を起こして、一九四五年八月一五日に至るが、その中に一貫した日本軍の流れがある。それは、ことごとく殺戮するという作戦である。「川上兵站総監より電報あり、東学党に対する処置は厳烈なるを要す。向後悉く殺戮すへし」。一八九四年一〇月二七日夜、大本営の川上操六兵站総監から仁川南部兵站監に宛てた電報である。東学農民革命運動を鎮圧するために、後備歩兵独立第一九大隊の将兵約六〇〇名は、この命令を実行し、朝鮮半島南西部の多くの村を焼き払い、東学党農民革命運動に参集した、武器をほとんど持たない農民を三万人以上も、近代兵器で殺戮したのである。日本軍将兵の中にも、精神的に混乱をきたし、自死を遂げた者も出た。日清戦争において最大の死者は日本軍でも清国軍でもなく、この農民たちであった。

ことごとく殺戮するという戦争方針は、後の戦争にもさまざまな形で見いだされる。シベリア出兵では、一九一九年一月から労働者や農民などによって組織されたパルチザンに苦戦し、パルチザンが残る可能性がある村落への懲罰攻撃を行った。一九一九年二月中旬、歩兵第一二旅団長山田四郎少将は「師団長の指令に基き」、今後村落の中に日本軍に敵対するものがあるときには、容赦なくその村の人々が過激派軍に加担するものと認め、その村落を焼棄すべきであるという通告を発している。同年一月アムール州マザノヴォという村で、パルチザンが蜂起し、近隣の村落も巻き込んで大規模な戦闘が始まった。日本軍は、道すがら手当たりしだい村々を焼き、農民を虐殺し、蜂起民が逃げ散ったマサノヴォを再占領し、さらにソハチノという近隣の村に到着すると、女性や子どもも含む逃げ遅れた村民すべてを銃殺し、村を徹底的に焼き払った。

中国では、一九四〇年八月三〇日、北支那方面軍第一軍参謀長の田中隆吉少将は、「敵根拠地ヲ燼滅掃蕩シ敵ヲシテ将来生存スル能ハザルニ至ラシム」と命令した。また北支那方面軍司令官を務めた岡部直三郎の日記によれば、岡部は部下から「兵器製造所、病院、印刷所等を滅燼する外、敵の宿営不可能の程度に村落を焼却す」、また「行動地域内の村落は徹底的に焼却す。（略）新品被服、未完成品六〇〇着、その他弾薬等多数を集積する被服工場を発見し、焼却す。糧秣集積所に多数の岩塩を発見し、これを河中に投入す。共産紙幣及び法幣の若干を押収す」などの作戦報告を受けていた。いわゆる三光作戦、殺し尽くし、焼き尽くし、奪い尽くす作戦である。

南京では、一九三七年一二月一三日、第一〇軍司令官柳川平助中将は、第一〇軍は「南京城内の敵を殲滅せんとす。各兵団は城内に対して砲撃はもとより、あらゆる手段をつくして敵を殲滅すべし、これがため要すれば場内を焼却し、特に敗敵の欺瞞行為に乗せられざると要す」と命じた。上海派遣軍第九師団歩兵第六旅団長秋山少将は「遁走せる敵は、大部分便衣に化せるものと判断さるるをもって、その疑いある者はことごとくこれを検挙し適宜の位置に監禁す。青壮年はすべて敗残兵または便衣兵と見なし、すべてこれを逮捕監禁すべし」と指示した。逮捕監禁といっても、捕虜は作らない方針で臨んでいた。

シンガポールでは、一九四二年二月一六日に市内に入った直後、第二五軍山下奉文司令官は昭南警備隊司令官に華僑「抗日分子」を掃討する命令を出した。辻政信参謀はシンガポールの人口を半分にするつもりでやるように指示を飛ばしたという。

ことごとく殺戮せよという方針は、中国や東南アジアにおける戦争遂行と占領政策などに、形を変えて流れていた。軍隊のための性奴隷システム、強制連行や徴用なども、根を同じくしている。その流れの奥に、「この国々の一切の権力と栄華を与えよう」という悪魔の誘惑が働いていた。

敗戦から日本は新たな歩みを始めたとよく言われる。日本国憲法は、国民主権、基本的人権の尊重、平和主義を三原則としている。平和原則については、確かに日本は敗戦後、大規模な戦争に巻き込まれも、大規模な戦争に参加もしていない。また海外からのテロ攻撃にもさらされていない。憲法第九条のおかげである。しかし今どれほど重視されているのだろうか。富国強兵がさまざまな国の最優先課題となり、国際的緊張が高まる中で、日本にもその動向を見いだすことができる。

二〇一四年七月一日、集団的自衛権を限定的に行使することができるという、憲法解釈を変更する閣議決定がなされた。集団的自衛権行使の容認は国際紛争への武力参加の意思表明と見るべきであり、日本国内と周辺国を恐怖に陥れ、東アジアを一層不安定にする危険がある。

二〇一六年三月三一日に施行された集団的自衛権の行使を実現する安全保障関連法は、日本が攻撃されていないのに、他国間の戦争に参加できるとする集団的自衛権の行使を中心としている。日本が攻撃を受けたときに限って自らを守ることができるとする個別的自衛権と異なり、集団的自衛権は他国の戦争に自ら参加していくもので、国際的緊張を高めて、敵愾心をあおり、人を戦争へと駆り立てていくものである。

沖縄県東村にある米軍北部訓練場では、二〇〇七年以降、東村高江の集落を囲むように六基のヘリパッドの建設の計画が進んでいる。すでに完成したヘリパッドではオスプレイによる昼夜を問わない離発着訓練、低空飛行訓練が始まっている。高江の住民は、オスプレイの低周波騒音と高い事故率への不安に平和な生活を脅かされ、また反対運動に対する機動隊などによる強制排除と戦いながら、ヘリパッド（オスプレイパッド）の建設にねばり強く抵抗し続けている。これら一連の出来事は、住民を恐怖に陥れ、かつ、集会、結社、表現の自由という、憲法で保障された国民の権利の行使を不当に弾圧する、深刻な人権侵害である。

今年二月二四日、普天間飛行場の代替施設として国が辺野古に計画している米軍基地のための埋め立てに対する賛否が沖縄県民に問われた。投票数の七一・七％が反対を表明したが、政府は無視している。そもそも全国の米軍専用施設の約七〇％が沖縄に集中し、沖縄県面積の約八％を米軍基地が占めている。沖縄基地問題は、日本全体の基地問題、そして民主主義の問題なのである。

宮古島では陸上自衛隊駐屯地が今年春に完成し、来年以降地対空・地対艦ミサイル部隊も配備される予定である。地下水に依存する用水を汚染する危険があったり、建設開始時点では、警備に必要な小銃弾や発煙筒のための保管庫を作ると説明していたが、実際にはミサイルなどのための弾薬庫が建築されたりしている。すでに与那国には沿岸監視隊が二〇一六年三月に、奄美大島には今年三月に警備隊と地対空・地対艦ミサイル部隊が配置され、石垣島でも駐屯地建設に着手している。結果として、隣国との緊張関係を高めている。

秋田市と山口県萩市にイージス弾道ミサイル防衛システム（イージス・アショア）を建設するという。このシステムはそもそも日本のためなのだろうか、ハワイやグアム、米国西海岸などの基地を弾道ミサイルから守るためなのか。また建設地周辺の水質悪化や常時レーダーから発せれる電磁波による健康被害も想定される。

社会の奥深くに働く悪、たいていの場合、善の仮面をかぶって誘惑する悪の力が巧みに働きかけている。過去に関しては、悪は記憶を消し去ろうとする。記憶されない歴史は繰り返すことができるからである。

『福音の喜び』は告げる。

・軍備拡張競争は、より堅固な安全保障を要求する人を欺くためだけに役立ちます。周知のとおり、武器と暴力による鎮圧は問題を解決するどころか、新たにいっそうひどい紛争を引き起こしています。貧しい人や貧しい国々が負う損害は彼ら自身に非があるのだと、不適当な一般論を好んで主張する人もいます。(60)

・すべての人の全人的発展の実りとして生まれたわけではない平和は、未来に向かうものではなく、つねに、新たな紛争と種々の暴力の火種となるのです。(219)

「この国々の一切の権力と栄華を与えよう。……もし私を拝むなら、全部あなたのものになる」。日本国憲法における国民主権、基本的人権の尊重の原則は大丈夫だろうか。元号設定は、天皇が時間の支配者であることを背景としている。剣璽等承継の儀や即位後朝見の儀では、国民主権ではなく天皇主権が表現されているのではなかろうか。

二〇一七年六月に成立した、いわゆる「共謀罪」を盛り込む「改訂組織犯罪処罰法」は、罪刑法的主義を破壊して犯罪を実行していない人の意思や内心に立ち入り、言葉や思想を処罰しかねない、新しい治安維持法ではなかろうか。

二〇一八年七月、オウム真理教関連の死刑囚一三人の死刑が執行された。一二月二七日には殺人罪で死刑判決を受けた二人の執行があった。しかし死刑は人格の不可侵性と尊厳に対する攻撃であり、容認できない。

今年四月から始まった新たな外国人労働者受け入れ制度にも、技能実習制度が受け継がれた。ブローカーから事前に聞かされていたのと異なる劣悪な環境に送られる場合、さらに失踪する場合も少なくない。また被雇用者のほぼ三人に一人は非正規雇用労働者である。新自由主義経済の進展の中で、労働者の置かれている状況、若い労働者の将来が危機にさらされている。

日本の子どもの七人に一人は貧困状態、さらにひとり親家庭の子どもの二人に一人は貧困状態にあると言われる。沖縄ではさらに貧困率が高い。貧困に追い詰められた親が虐待や育児放棄に至る場合も多い。また海外につながる子どもたちの生活状態や教育環境も悪い。特に教育については、カトリック教会としても、何をなすべきかが問われている。

ごく最近のことを取り上げるだけでも、川崎ではスクールバスで、京都ではアニメーションスタジオで殺人事件が起こった。その背景には、人を大切にしない社会の暗闇が広がっている。

悪の誘惑に陥った社会の犠牲者は、まず貧しい人、弱い立場にある人や子どもたちである。

『福音の喜び』は告げる

・「殺してはならない」というおきてが人間の生命の価値を保証するための明確な制限を設けるように、今日においては「排他性と格差のある経済を拒否せよ」といわなければなりません。この経済は人を殺します。……人間自身もまた使い捨てのできる商品同様に思われています。……排除されるとは、「搾取されること」ではなく、廃棄物、「余分なもの」とされることなのです。(53)

・少数の人の利益が飛躍的に増大する一方、大多数の人はこの幸福な少数派の得る裕福さからますます遠ざけられています。(56)……このような態度の背景には、倫理の拒否と神の否定が潜んでいます。……自分の財を貧しい人々と分かち合わなければ、彼らの財と生命を奪うことになる。これらの財はわたしたちのものではなく、貧しい人々の所有なのです。(57)

・種々の形態の人身売買の標的となる人々の境遇には、つねに心が痛みます。わたしたち皆に訴える、神の叫びに耳を傾けてください。「お前の弟はどこにいるのか」(創4・9)。奴隷にされている、あなたの兄弟姉妹はどこにいますか。非合法の町工場、売春組織、子どもを利用する物乞い、隠れて働かなければならない非正規滞在者の労働、そうした中で、あなたが日々殺している兄弟はどこにいますか。……多くの人が、安穏として黙っているという共犯によって、己の手を血で染めているのです。（211）

イエスはご自分の育ったナザレに行き、いつものとおり安息日に会堂に入り、朗読しようとしてお立ちになった。預言者イザヤの巻物が手渡されたので、それを開いて、こう書いてある箇所を見つけられた。「主の霊が私に臨んだ。貧しい人に福音を告げ知らせるために、主が私に油を注がれたからである。主が私を遣わされたのは、捕らわれている人に解放を、目の見えない人に視力の回復を告げ、打ちひしがれている人を自由にし、主の恵みの年〔直訳＝主に受け入れられる年〕を告げるためである。」……そこでイエスは、「この聖書の言葉は、今日、あなたがたが耳にしたとき、実現した」と話し始められた。（ルカ４・16―21）

イザヤ書を引用しながら、イエスの使命が語られている。イエスは、貧しい人、捕らわれている人、目の見えない人、打ちひしがれている人のために生きる。men and women with others men and women for others、イエズス会教育のモットーである。ここでの others

とは、ごく一般的に自分たち以外の人々ではない。まずthe man with others the man for othersがいる。その男とは、イエスであり、othersとは、イエスが大切にした、貧しい人である。正義とは、すべての人と被造物を愛される神は、貧しい人や打ちひしがれている人を優先的に愛されるということである。小教区や教育機関でも、神の正義、そしてイエスのこの姿勢がその運営の在り方の中心を貫いているかが問われる。

イエスは目を上げ、弟子たちを見て言われた。「貧しい人々は、幸いである。神の国はあなたがたのものである。今飢えている人々は、幸いである。あなたがたは満たされる。今、泣いている人々は、幸いである。あなたがたは笑うようになる。」（ルカ6・20―21）

初めて聖書の言葉に接したのは、小学四年生のときである。その時不思議に思ったのは、なぜ貧しい人が幸いなのか、なぜ飢えている人や泣いている人が幸いなのかということである。イエスは自分が出会う貧しい人、飢えている人、泣いている人にこそ、神が共にいて、その苦しみや飢えや悲しみを共にしていることを体験したのだろう。自らもその苦しみや飢えや悲しみを共にしているからなのであろう。イエスはその人々と共にいることによって、またその人々から神の喜びや祝福、人生を導く知恵を豊かに受けたことだろう。

『福音の喜び』は告げる。

・わたしにいえるのは、わたしが人生において見てきた、もっとも美しく自然な喜びは、固執するものをもたない貧しい人々のうちにあったということです。（7）

・だれを優先すべきでしょうか。福音書の中に、非常に明確な指針が示されています。友達や近隣の富裕者ではなく、むしろ貧しい人や病人です。彼らは大抵見下され、忘れ去られていて、「お返しができない」（ルカ14・14）人々です。（48）

・神のみ心には貧しい人々のための優先席があります。神ご自身が「貧しくなられた」（二コリ8・9）からです。（197）

・貧しい人を優先させることとは、教会にとって、文化的、社会的、政治的、哲学的領域に属することである以前に、信仰の領域に属することです。神は「最初にそのあわれみを」貧しい人々にお与えになります。（198）

・貧しい人と社会正義に対し心を砕くことを免れているであろう人は、だれ一人いません。（201）

イエスは会堂に入られた。そこに片手の萎えた人がいた。人々はイエスを訴えようと思って、安息日にその人を癒されるかどうか、うかがっていた。イエスは手の萎えた人に「真ん中に立ちなさい」と言われた。そして、人々にこう言われた。「安息日に律法で許されているのは、善を行うことか、悪を行うことか。命を救うことか、殺すことか。」彼らは黙っていた。イエスは怒って彼らを見回し、そのかたくなな心を悲しみながら、その人に、「手を伸ばしなさい」と言われた。伸ばすと、手は元どおりになった。(マコ3・1—5)

律法学者たちやファリサイ派の人々が、姦淫の現場で捕らえられた女を連れてきて、真ん中に立たせ、イエスに言った。「先生、この女は姦淫をしているときに捕まりました。こういう女は石で撃ち殺せと、モーセは律法の中で命じています。ところで、あなたはどうお考えになりますか。」イエスを試して、訴える口実を得るために、こう言ったのである。……イエスは身を起こして言われた。「あなたがたの中で罪を犯したことのない者が、まず、この女に石を投げなさい。」……これを聞いた者は、年長者から始まって、一人また一人と立ち去っていき、イエス独りと、真ん中に立っていた女が残った。(ヨハ8・1—9)

マルコ福音書三章一―六節とヨハネ福音書八章一―九節では、「真ん中」という言葉が出てくる。片手の萎えた人の場合、会堂の片隅にいたのだろう。仕事に就くこともできず、普段は人々の関心外に置かれていたのだろう。その会堂でも、その人の苦しみや悲しみに周囲の人々の関心はない。イエスはその人に会堂の真ん中に立つように促す。イエスにとってその人こそ、共同体の中心に立つ存在なのである。また安息日以外に癒せばよいのにと思ってしまう。しかし安息日にこそ、片手の萎えた人が神の安息を喜び祝う日を迎えることが、神のみ心なのである。

姦淫の現場で捕らえられた女性の話しでいぶかしく思うのは、姦淫の相手の男性が登場しないことである。その男の不在は、その男、そして律法学者やファリサイ派の男たちやこの世の男たちの欲望にまみれた偽善を示しているのではなかろうか。その女性は石打ちの刑にあうために真ん中に立たせられている。しかしこの背後に神の導きがある。その女性こそ、神の国の真ん中にいて、石や暴言ではなく、神の愛と癒しと赦しを全身で浴びるように招かれた存在なのである。

私たちの社会で、小教区や教育機関で、一体誰がその中心に位置しているのだろうか。『福音の喜び』にも、貧しい人を教会の歩みの真ん中に置くようにという招きが告げられている。

『福音の喜び』は告げる。

・痛みを抱えた人々、貧困にあえいでいる人々にイエスは、神はあなたたちをその心の中心に置いておられると約束しました。(197)

・貧しい人のため、教会は貧しくあってほしいと思います。貧しい人は多くのことを教えてくれるのです。彼らは信仰の感覚に与るのに加え、自分自身の苦しみをもってキリストの苦しみを知っています。わたしたちは皆、彼らから福音化されなければなりません。新しい福音宣教とは、彼らの生活がもっている救いをもたらす力を認め、彼らを教会の歩みの中心に置くようにという招きです。(198)

イエスの母ときょうだいたちが来て外に立ち、人をやってイエスを呼ばせた。時に、群衆がイエスの周りに座っていた。「御覧なさい。お母様と兄弟姉妹がたが外であなたを探しておられます。」と知らされると、イエスは、「私の母、私のきょうだいとは誰か」と答え、周りに座っている人々を見回して言われた。「見なさい。ここに私の母、私のきょうだいがいる。神の御心を行う人は誰でも、私の兄弟、姉妹、また母なのだ。」

（マコ3・31―34）

イエスは舟から上がり、大勢の群衆を見て、飼い主のいない羊のような有様を深く憐れみ、いろいろと教え始められた。……「パンはいくつあるのか、見てきなさい。」……「五つあります。それに魚が二匹です。」イエスは弟子たちに、皆を組に分けて青草の上に座らせるようにお命じになった。人々は、百人、五十人ずつまとまって腰を下ろした。……人々は皆、食べて満腹した。……パンを食べた人は、五千人であった。

（マコ6・34―43）

ガリラヤでイエスが関わった群衆は、エルサレムの人々からは評価されず、言葉になまりがあり、軽蔑された人々であった。土地を持っていない人も多く、季節労働者や日雇い労働者、小作農、放浪者といった貧しい人々も多く住んでいた。イエスにとって群衆はその他大勢の人々や烏合の衆ではない。一人ひとりが、イエスの兄弟姉妹、また母であり、かけがえのない人々によって構成されているのである。イエスは、飼い主のいない羊のように、居場所を失い、人生の目的を見失い、生きがいに飢え渇く人々の苦しみを共にする。その中で皆を組に分けるが、それは互いに出会い、互いに知り合い、一人ひとりの体験、喜びと苦しみ、希望と不安を分かち合える新たな共同体を形成するためである。その中で、多くの人々が喜びを見いだし、命の糧を受けて満足する。

『福音の喜び』は告げる。

・霊的「砂漠化」が生じている場所があることは明らかです。……わたしたちはまさにこの荒れ野から、空白から出発することによって、あらためて信じることの喜びを再発見することができます。……現代社会の中には神への渇き、人生の究極的な意味への渇きを表す多くのしるしがあります。……わたしたちはこのような状況において、他者の渇きをいやす、人間の水差しになるように招かれています。時には、水差しは重い十字架になりますが、いのちを与える水の源としてわたしたちにご自分を与えた主が槍で貫かれたのは、まさにこの十字架の上でした。希望を奪われないようにしましょう。(86)

・多くの人は快適な私的空間を求めて他者から逃れ、あるいは付き合いをごく親しい人に限定したり、福音の社会的側面が示す現実を拒みます。……スイッチを自在に入れたり切ったりできる画面やシステムといった高機能な機器を介してのみ人間関係を求めるからです。これに対して福音は、他者と顔と顔を合わせて出会うことを恐れないよう教えます。(88)

・日々の生活において、都市の住民は生き延びるために奮闘していますが、その奮闘の中に、深い宗教的な感覚をも含む、存在の深奥の意味が潜んでいるのです。それを観想しなければなりません。喉を潤すことを求めた井戸のそばで、主がサマリアの女性と交わしたような対話（ヨハネ4）ができるようになるために。（72）

朝早くまだ暗いうちに、イエスは起きて、寂しい所へ出て行き、そこで祈っておられた。シモンとその仲間はイエスの後を追い、見つけると、「みんなが探しています」と言った。イエスは言われた。「近くのほかの街や村へ行こう。そこでも、私は宣教する。私はそのために出て来たのである。」（マコ1・35―38）

祈りは福音宣教、正義と平和を実現する活動にとって不可欠である。祈りの中で私たちは、神との親しさを深め、神の眼差しで社会の現実としっかりと向き合い、人間を愛する神の知恵の霊を豊かに受ける。現代は、神なき時代としばしば言われる。しかし祈りによって、自分の日常生活のみならず、人々の日常生活のただなかに神の足跡を見いだす。また祈りによって、人々の愛、慈しみ、平和を造る働き、人間の尊厳を大切にする働き、過去をしっかりと振り返ること、原発を廃止する運動、家庭生活、日々の労働のなかにそして貧しさのなかに神の指を見いだす。

『福音の喜び』は告げる。

・みことばをもって祈る時間をもたなければ、説教者は偽預言者、詐欺師、中身のない山師にしか過ぎないのです。(151)

・わたしたちは、都市を観想の目で見なければなりません。すなわち、家々や通り、広場におられる神を見いだすことのできる信仰の目です。……神は、連帯、兄弟愛、善と真理と正義の希求を促進する市民の間に住んでいます。こうした神の現存は作られるものではなく、発見されるもの、覆いを取り除いて明らかにされるものです。(71)

その日の夕方になると、イエスは弟子たちに、「向こう岸に渡ろう」と言われた。そこで、彼らは群衆を後に残し、イエスを船に乗せたまま漕ぎ出した。……すると、激しい突風が起こり、波が舟の中まで入り込み、舟は水浸しになった。しかし、イエス自身は、艫の方で枕をして眠っておられた。……イエスは言われた。「なぜ怖がるのか。まだ信仰がないのか。」(マコ4・35—40)

「向こう岸に渡ろう」。居心地の良い所に留まろうとする私たちにイエスはチャレンジを与える。しかも向こう岸とはどこか、すぐには示されない。多くの人々と志を同じくしながら、社会の現実を見て、聖霊の働きを心の奥深くで感じ取りながら、向こう岸を見いだすように導かれる。ここに神の知恵が働く。イエズス会総長は、今年二月一九日付けの書簡で、イエズス会使徒職全体の方向づけを提示した。霊操及び識別を通して神への道を示すこと、和解と平和のミッションにおいて、貧しい人々、世界から排除された人々、人間としての尊厳が侵害された人々とともに歩むこと、希望に満ちた未来の創造において若い人々とともに歩むこと、「ともに暮らす家」（地球）への配慮と世話を協働して行うことの四項目である。この四項目を踏まえながら、今後一〇年間に私たちの全使徒的エネルギーを集中して、向こう岸を探し求め、渡っていくことが招かれている。また向こう岸に行く際には、さまざまな段階の社会から、教会内外から、修道会内外から吹き付ける突風や逆風に必ず遭う。そこでは、私たちの信仰が問われる。

『福音の喜び』は告げる

・「出向いて行く」教会は、宣教する弟子たちの共同体です。彼らは、率先する人、かかわり合う人、寄り添う人、実りをもたらす人、そして祝う人です。「プリメレアル

primerear」〔訳注＝機先を制する、一番乗りをするの意〕……この造語をご容赦ください。福音宣教をする共同体は、主がイニシアティブをとり、先にわたしたちを愛してくださったこと（一ヨハ4・10）を知っています。だから共同体は、前進し、恐れることなくイニシアティブをとり、行って遠くにいる人を捜し出し、疎外されている人を招くために往来の真ん中に立つことができるのです。……思い切ってもう少し「プリメレアル」となってください。そうすれば、教会は「かかわる者」となれるでしょう。(24)

ファリサイ派の人々と数人の律法学者たちが、エルサレムから来て、イエスのもとに集まった。そして、イエスの弟子たちの中に、汚れた手、つまり洗わない手で食事をする者がいるのを見た。ファリサイ派の人々をはじめユダヤ人は皆、昔の人の言い伝えを守り、入念に手を洗ってからでないと食事をせず、また、市場から帰ったときには、身を清めてからでないと食事をしない。そのほか、……守るべきこととして受け継いでいることがたくさんあった。……そこで、ファリサイ派の人々と律法学者たちが尋ねた。「なぜ、あなたの弟子たちは昔の人の言い伝えに従って歩まず、汚れた手で食事をするのですか。」イエスは言われた。「……あなたがたは、神の戒めを捨てて、人間の言い伝えを固く守っている。」、「……あなたがたは、受け継いだ言い伝えで神の言葉を無にしている。……」。（マコ7・1―13）

イエスが生きた社会では、ファリサイ派が大きな力を持っていたのは初代教会にもその考え方が強かったからであろう。福音書にイエスによるファリサイ派批判が多く記されている。その考えは人間を愛する霊である知恵を拒否し、形式や伝統に閉じ籠る誘惑である。私たちの教会や社会にもこの誘惑が強く働いている。ファリサイという言葉の語源は、分離を意味するという。異教的・ヘレニズム的文化と生活様式からの分離であろうか、律法を遵守することができない多くの人々からの分離だろうか。基本的には、生きた人間を愛そうとする知恵の働きを封じる力、分離や分裂を引き起こしてさまざまな交わりを突き崩していく動き、交わりを形成する聖霊の働きを押しとどめようとする誘惑である。自らの信条を絶対化して、諸宗教間の対話を成立させない原理主義運動、経済的格差を放置する社会機構、人間の尊厳を抑圧する不正に対して目隠しをする政治的雰囲気、ナショナリズムを高揚し、国家間の競争を煽り、対立を激化させる動向などである。

福音書に示されているイエスの姿にひたすら追従することによってのみ、この誘惑を退けることができる。

『福音の喜び』は告げる。

・この暗い世俗性は、多くの場合、一見逆の態度を示しますが、教会の場を支配するに等しい野望をもっています。ある人々は典礼や教理や教会の威信に関し過剰に神経を使いますが、神の忠実な民と、現代の具体的な要求とに、福音によって影響を与えることには心を砕きません。このようにして教会生活は、博物館の展示品のようになるか、わずかの人々が所有するものになってしまうのです。……彼らは、エリート集団に閉じこもり、失われた者やキリストを渇き求める大群衆を探して、実際に遠くへと出向いて行くことはありません。そこにはもはや福音宣教の熱意は見られず、ただ自己中心的な自己満足という、見せかけの楽しみがあるばかりです。（95）……これを避けるため、教会は、自己から出て行き、イエス・キリストを中心にして宣教し、貧しい人々のために献身しなければなりません。……わたしたちを窒息させるこの世俗性からいやされるには、聖霊の澄んだ息吹を味わうことです。（97）

過越祭の前に、イエスは、この世から父のもとへ移るご自分の時が来たことを悟り、世にいるご自分の者たちを愛して、最後まで愛し抜かれた。夕食のときであった。……夕食の席から立ちあがって上着を脱ぎ、手拭いを取って腰に巻かれた。それから、たらいに水を汲んで弟子たちの足を洗い、腰に巻いた手拭いで拭き始められた。……「主であり、師である私があなたがたの足を洗ったのだから、あなたがたも互いに足を洗い合うべきである。……そのとおりに実行するなら、幸いである。」（ヨハ13・1―17）

私たちにとってイエスは主である。しかしイエスにとっては、自らは僕であり、私たちが主なのである。イエスが僕として、奴隷として、弟子たちを最後まで、また極みまで愛し抜き、弟子たちの足を洗う姿に、僕や奴隷として私たち一人ひとり、すべての人に仕えている神の現実が示されている。「あなたがたも互いに足を洗い合うべきである」、また「私があなたがたを愛したように、互いに愛し合いなさい」（ヨハ15・9）というイエスが与える戒めを、日々出会うキリスト者に関して実践するだけではなく、緊張が高まる東アジアのキリスト者の中で実践するよう招かれている。

『福音の喜び』は告げる。

・福音を宣教する共同体は、行いと態度によって他者の日常生活の中に入っていき、身近な者となり、必要とあらば自分をむなしくしてへりくだり、人間の生活を受け入れ、人々のうちに苦しむキリストのからだに触れるのです。こうして福音宣教者には、いわば「羊の匂い」がしみており、羊は彼らの声を聞くのです。さらに、福音宣教する共同

体には「寄り添う」用意があり、それが辛く長いものであっても、すべての道のりを人類とともに歩みます。(24)

昼の十二時になると、全地は暗くなり、三時に及んだ。三時にイエスは大声で叫ばれた。「エロイ、エロイ、レマ、サバクタニ。」これは、「わが神、わが神、なぜ私をお見捨てになったのですか」という意味である。……イエスは大声を出して息を引き取られた。すると、神殿の垂れ幕が上から下まで真っ二つに裂けた。イエスに向かって立っていた百人隊長は、このように息を引き取られたのを見て、「まことにこの人は神の子だった」と言った。(マコ15・33―39)

イエスの苦しみと死の奥深い原因は、私たちの罪である。私たち一人ひとりの罪、私たちというさまざまな段階での共同体の罪、そして全人類の罪である。同時に、イエスの苦しみと死は、私たちの苦しみと死と深く結びあわされている。イエスの苦しみと死は、私たち一人ひとりの苦しみと死、さまざまな形の共同体の苦しみ、そして全人類の苦しみと死と深く結びついている。これらの深い結びつきを見いだすのは、神からの知恵である。

イエスの逮捕(ヨハ18章など)。ユダヤはローマ帝国の圧倒的な軍事力のもとで、侵略され併合され、植民地となっていた。イエスの苦しみは、植民地支配にあるすべての人々の苦しみ、軍事政権で苦しむ人々と一体となっている。また不当に逮捕される人々の苦しみ、また自分たちの意思に反して、基地建設を強行されている人々の怒りを、イエスは共にする。

シモンというキレネ人（マコ15・21）。ローマの兵士たちは、シモンを強制徴用した。植民地では、数多くの人々が強制徴用、強制連行される。彼らの苦しみは、イエスの苦しみと深く結びつけられている。現代社会で使い捨ての商品同様に扱われている人々、研修制度などの名目で奴隷のように働かされている人々の苦しみを、イエスは共にする。

十字架刑。当時、ローマ人以外の凶悪犯、そして特に奴隷に対する刑罰であった。イエスは、死刑となる人々の苦しみ、自由を奪われた苦しみ、軍隊の施設で将兵の性奴隷とされた女性たちの苦しみを共にする。

「渇く」（ヨハ19・28）。一九四五年八月六日、皮膚は垂れ下がり、服もボロボロになった人も言った。「水、水う……」。この渇きとイエスの渇きが響き合っている。また多くの人々が霊的に砂漠化した世界のただ中で、一滴に癒しの水を求めてさまよっている。その人々の渇きを、イエスは共にする。

「エロイ、エロイ、レマ、サバクタニ。」絶望の中で、息を引き取った人々の無念をイエスは共有している。

すべての苦しみが、イエスの苦しみと結びあわされている。そこに苦しみの意味がある。私たちが自らや人々の苦しみに正面から向き合うとき、イエスの苦しみを体験し、イエスの苦しみの足りないところを補う。それは復活の喜びへの招きでもある。

『福音の喜び』は告げる。

・イエスがわたしたちのために血を流したことを告白する者は、すべての人間を尊い者にする限りない愛を少しも疑いません。イエス・キリストのあがないは、社会的な意味を持っています。キリストのうちに神は個人だけではなく、人間どうしの社会関係もあがなうからです。聖霊があらゆるところで働くことを告白することは、人間のあらゆる状況とすべての社会的きずなの中に聖霊が入ろうとしていることを認めることを意味します。……福音宣教は、聖霊のこの解放する働きにも協力しようとします。(178)

・時にわたしたちは、主が受けた傷から用心深く距離を取ったキリスト者であろうとする誘惑を覚えることがあります。しかしイエスは、人間の悲惨に触れ、苦しむ他者の身体に触れるよう望んでおられます。(270)

マリアは墓の外に立って泣いていた。……イエスは言われた。「女よ、なぜ泣いているのか。誰を探しているのか。」マリアは、園の番人だと思って言った。「あなたがあの方を運び去ったのでしたら、どこに置いたのか、どうぞ（直訳＝主よ）、おっしゃってください。私が、あの方を引き取ります。」（ヨハ20・1―16）

この日、二人の弟子が、エルサレムから六十スタディオン離れたエマオという村に向かって歩きながら、この一切の出来事について話し合っていた。話し合い論じ合っていると、イエス自身が近づいて来て、一緒に歩いて行かれた。しかし、二人の目は遮られていて、イエスだとは分からなかった。（ルカ24・13―16）

ヨハネ福音書では、イエスは園の番人、場所から推定して墓を掘り、死の汚れを受けて、差別を被っていた人としてマリアの前に姿を表す。エマオに向かう二人には、見知らぬ旅人、偶然に出会う人として姿を表す。そのような人の中に、復活させられたイエスを見いだすよう求められる。またどちらの場合も、イエスはマリアや二人の弟子たちの関心事に耳を傾け、次第に自らとの親しい交わりに導く。

『福音の喜び』は告げる。

・教会は、自らの仲間である司祭、修道者、信徒に、他者という聖なる土地で自分の履物を脱ぐこと（出3・5）を学ばせてくれる、「同伴する技術」を教えなければなりません。わたしたちは、尊敬といつくしみ、また同時にキリスト教生活をはぐくむためのいやしと解放と励ましをあたえるまなざしを注ぎながら、そばにいることを感じさせるいやしの歩調で歩まなければなりません。（169）

・聞くだけではなく、聴くすべを身につける必要があります。聴く技術はまず、他者とのコミュニケーションの中で寄り添うことのできる心の力で、これがなければ真の霊的な出会いにはなりません。（171）

すべての人に恐れが生じた。使徒たちによって多くの不思議な業としるしが行われていたのである。信じた者たちは皆一つになって、すべての物を共有にし、財産や持ち物を売っては、必要に応じて、皆がそれを分け合った。そして、毎日ひたすら心を一つにして神殿に集まり、家ではパンを裂き、喜びと真心をもって食事を共にし、神を賛美していたので、民衆全体から好意を寄せられた。こうして、主は救われる人々を日々仲間に加えてくださったのである。（使2・43―47）

私たちは皆、ユダヤ人もギリシア人も、奴隷も自由人も、一つの霊によって一つの体となるために洗礼を受け、皆一つの霊を飲ませてもらったからです。……体の中に分裂が起こらず、各部分が互いに配慮し合うためです。一つの部分が尊ばれれば、すべての部分が共に喜ぶのです。あなたがたはキリストの体であり、一人一人はその部分です。

（一コリ12・13─27）

一九世紀以降、いわゆるキリスト教国で教会への信頼が揺らいできたという。教会への不信の理由は主に二つある。一つは、一九世紀以降、産業革命が進展する中で、貧富の差が加速度的に拡大し、貧しい労働者は生産のための部品のように見なされるようになった。この格差は、キリストの体の一体性に大きな亀裂をもたらした。教会は一八九一年に『レルム・ノヴァールム』を発布し、愛と正義の推進によって貧富の差の拡大に歯止めをかけ、国家に対して正当な賃金を保証し、富の公正な分配に配慮するように求めた。以後、教会はこの『福音の喜び』に至るまで、さまざまな角度から貧困問題を取り上げ、解決を試みて、ある効果を上げてきた。しかし抜本的な解決には程遠い。

もう一つの点は、ナショナリズムである。一九世紀以降、まず西ヨーロッパでナショナリズムが形成される中で、教会もナショナリズムに流されてしまっただけではなく、ナショナリズムの重要な担い手になった。国境によってキリストの体の一体性が失われてしまい、教会一致のシンボルである十字架の代わりに国旗に忠誠を誓い、信仰はただ内面的なレベル、個人道徳のレベルに押し込められた。お国のためにキリスト者同士が戦い、殺し合うことが義務と考えられるようになったのである。

来年、東京でオリンピックが開催される。オリンピック憲章では、「オリンピズムの目的は、人間の尊厳の保持に重きを置く平和な社会の推進を目指すために、人類の調和のとれた発展にスポーツを役立てることである」とされるが、ナショナリズムや巨大資本に利用されてもいる。

今、復活したキリストの喜びを証し、神の国の実現に奉仕するために、つまり福音宣教や福音化のためになすべきことは、新しいことではない。それは先に挙げたパウロ書簡や『使徒言行録』で書かれている内容である。「寛容を示し、愛をもって互いに耐え忍び、平和の絆で結ばれて霊による一致を保つように熱心に努めなさい」（エフェ4・2―3）とも、パウロは語る。キリスト者であれば、すべての物を共有にし、財産や持ち物を売っては、必要に応じて、皆がそれを分け合うことを本気で実施するように、今のキリスト者も求められている。またキリスト者同士が国家や民族という枠組みを乗り越えて、決して戦争をして殺し合わないことである。教会刷新の起点も、この二つの問いかけに心を尽くし、力を尽くし、迫害も恐れずにこたえることではないだろうか。この二つの招きの根底には、イエスと弟子たち、イエスとその周りにいた群衆の姿がある。

『福音の喜び』は告げる。

初期キリスト教では、信者は心も思いも一つでした（使4・32）。(31)

神の知恵そのものであるイエスを示す福音書、そして『福音の喜び』からの呼びかけに対して何をなすべきかを誠実に識別し、心を尽くし、力を尽くして、誠実にこたえるなかで、人間を愛する霊である知恵が力強く働く。

キリシタン時代の知恵

デ・ルカ・レンゾ

どの文化にも知恵の持ち主、つまり「賢者」がいて尊敬されています。多くの場合、年配の人がその役割を担います。聖書に「知恵は年を経た者たちに、理解力と忠告は尊敬すべき年寄りにふさわしい」（シラ25・5）とあります。やはり、時間との関係があり、長く生きた人こそ、経験を積んで適切な忠告や判断ができるのでしょう。しかし、聖書を中心にしたキリスト教では、永遠である神のみが本来の知恵の持ち主、知恵そのものであると理解され、それを宣教します。「すべての知恵は、主から来る。主と共に永遠に存在する」（シラ1・1）。

来日した宣教師たちは、キリスト教こそが「知恵」に満ちている教えだと考えていたに違いありません。しかし、日本には中国とインドから伝わった賢者たちの教えがありました。特に漢文になったものに対する日本人の信頼は、宣教師たちにとっては体験したことがないものでした。ザビエルたちが日本に持ち込んだ聖書や祈りの本が漢文になっていなかったことは、当時の日本人からすれば「権威不足」だったに違いなかったでしょう。言うまでもなく、聖書そのものが否定されたわけではありませんが、聖書が尊い教えであるならば、中国に伝わり、漢文になっているはずだという日本人の発想にぶつかったのです。おそらく、宣教師たちにとってその発想は驚きであり、「漢字で記された教え」が必要だと感じるきっかけにもなりました。その結果、驚くほどの早さで印刷機が導入され、日本語が印刷できるように工夫され「書かれた教え」が広まり、キリスト教が漢文に記された知恵になり、日本での「市民権」を得るようになりました。まさに、ニーズに対応しての発展であり、順応化の表れでもありました。

キリシタン時代の知恵と理解

日本ではキリスト教を伝えるために、公教要理の本、『ドチリナ・キリシタン』がさまざまな形で出版されるようになりました。「知恵」という言葉に関して言えば、一五九二年と一六〇〇年に出された『ドチリナ・キリシタン』の三位一体についての説明が参考になります。それは神秘であるとは述べずに、「この儀は人間の薄き知恵には及ぶ所にあらず」とあります。同じ単語を用いていても、「神の知恵」と「人間の知恵」に相違があることを意識させます。なお、中国文学と仏教の教えを通して、当時の日本語にその知恵の区別がすでにありました。当然ながら、宣教師たちはそれを見おとしませんでした。当時の言葉とその使い方を紹介する『日葡辞書』（一六〇四年、土井忠生他訳『邦訳日葡辞書』岩波書店、一九八〇年による）を引用しましょう。


Xòchi（上智）すぐれた知恵。例：Xôchiqensai no fito.（上智賢才の人）大きな知恵と思慮分別のある人。

Guechi（下智）Xita no chiye（下の智恵）浅い知恵 例：Gueconguechi na fito（下根下智な人）知恵が浅くて、能力の薄弱な人。

Chiguen（智眼）Chiye no manaco.（智恵の眼）知恵悟性の眼。

Chiquô（智光）知恵の光明。

Chiyenoficari（智恵の光）

このように、当時の日本には知恵に関する言葉と文化が発達していました。さらに、『日葡辞書』には知恵の正しくない用い方まで詳しく紹介されています。

Chiyedate（智恵立て）いくらか尊大に構えたり、実際以上に自分の知恵を見せびらかしたりすること。例：Chiyedate uo suru（智恵立てをする）上のような風に見せびらかす。

Curamaxi, su, ita（暗晦し、す、いた）暗くする、または、ぼやけさせる。例：Funbet uo curamasu（分別を暗ます）判断力知恵を曇らせる。

このように、当時の日本人が「知恵」を使い分けていたからこそ、聖書の知恵文学が伝わりやすかったと言えるでしょう。キリシタン版の日本語を比較しても、キリスト教の基本概念が変動を示したのに対して、「知恵」は言葉としても概念としても、最初から変化せずに定着しました。キリスト教を禁じた秀吉でさえ、その天正一五年（一五八七）の「バテレン追放令」に、「伴天連、その智恵の法をもって心ざし次第檀那を持ち候はんと思召され候処」と書かせたこともその定着度の参考になります。

唯一の神デウスの知恵

宣教師たちにとって、人間と神の知恵を区別すること、さらに、日本の「万の神々」の知恵と、それとは異なる、より優れた、聖書で述べられている唯一の神の知恵が混同されるものではないということを明確に示すことが肝要でした。口伝もそうだったでしょうが、当時の史料にもその事実が記されています。要理の本を見ましょう。

量りなき御知恵の源、万事叶ひ給ふ御主デウス。（ドチリイナ・キリシタン『キリシタン教理書』一六二頁）

この引用個所には、デウスとその知恵が（神々を含めて）どんなものにも超越することが明確に示されています。さらに、この概念が知識人にしか通じないものではなく、庶民にも理解可能なものであるということを伝えなければ、キリスト教が隔離される懸念がありました。それで、人間には理解しがたい内容でありながら、神様がその理解を与えて下さることを明記しました。次の箇所を見ましょう。

其故は、デウスは無広大に御座まし、我等が智恵はわづかに限りある事なれば、分別には及ばず。たとひ分別に及ばずと云とも、デウスにて御座ます御主ゼズス・キリシト直に示し玉ふ上は、真に信じ奉らずして叶はざる儀也。（ドチリイナ・キリシタン『キリシタン書排耶書』三八頁）

このように、当時の宣教師たちは日本人と相談し、唯一の神〔デウス〕との区別を保ちながら、すべての人にその救いが差し伸べられていることを、知識としてだけではなく、感覚的にも伝えていたことがわかります。この「近寄りやすい」神様のイメージが最も必要になるのは赦しを願うときであり、神様に立ち返るときです。そのため、赦しの秘跡を準備するために書かれた『コンチリサンの略』つまり、悔い改めの手引きには、すべてを計らうデウスの知恵が全面的に出ています。

第一観ずべきといふわ、デウスの御上也。此君わ、量りなき御威光、御力、かぎりなき御知恵、御慈悲、御哀憐の源にて、帝王の中の帝王、主君の中の主君、天地の御作者、今生後生の御計らい手にてましますといふ事、此御主かぎりなき御知恵をもって、万事を治めはからいたまい。（「こんちりさんをおこすたよりとなる観念の事」『キリシタン書排

耶書』三七三頁）

キリシタンが伝えようとした知恵は神からの恵みでありながら、その恵みを受けいれる心構えが必要であると教えています。その感覚を養うためには、教理書よりも信心書が役立つと考え、当時ヨーロッパで有名だったルイス・デ・グラナダ師が書いた本を日本語に訳して出版されました。その一部を紹介します。

しかしこの智恵、英知を見出した後、どんな王国や教皇の座よりも、金銀宝石の富よりも、その智恵を大事にすると言えた程の人なら、この人は上述の神の甘味を味った人である。神の甘味、つまりご英知こそはその人にとっては宝物であり、貴重な真珠だったわけである。そして福音書に出てくる賢明な商人もそれを買い求めたくて、代金として自分の全財産を売り渡した程であった。（『キリシタン版「ヒイデスの導師」の原典的研究』四八四頁）

このような本は、一般の日本人が読んでいたというより、指導的な立場にある修道士、看坊、同宿たちが読んで人々に伝えたと思われます。理屈っぽい公教要理の教えと同時に感覚に訴える教えをも大事にしていたのです。似たような信心書のキリシタン版（『コンテムッスムンヂ』一五九六年、『ぎやどぺかどる』一五九九年、『スピリツアル修業』一六〇七年、など）の出版が少なくなかったことは、その人気ぶりを伺わせます。

殉教者の知恵

一般的に、知恵は時間と心の余裕があってはじめて養われるものだと思われるかも知れません。しかし、日本のキリシタン史を振り返ってみると、そのような余裕のあった時期は極めて短かいものでした。むしろ、迫害が激しくなったからこそ知恵を絞らざるを得なかったと言えるでしょう。たしかに、さまざまな書物にも知恵についての記述が現れます。代表的なものを紹介しましょう。殉教を視野に入れた心の準備としての『マルチリヨの栞』には次のように記されています。

勿論、御主デウスは万事叶い玉ぶ御知恵の源にて在しませば、一切人間を扶け玉ぶべき道は、品々多かりしかども、御パッションの道に。（『キリシタンの殉教と潜伏』五〇頁）

このように、迫害が起こっても神様が見守っていて下さるということを確信させます。似た内容の『マルチリオの心得』は、一歩進んで、知恵がある者こそ殉教を選ぶと述べています。

二には、害せらる々者、知恵分別ある者ならば、其成敗を辞退せず、心能く堪忍致して受くるに於ては丸血留なり、……（『マルチリオの心得』）

迫害される者には知恵が支えとなりながらも、キリストの十字架を選ぶように導く霊的な次元があると教えています。これはロヨラの聖イグナチオが書いた『霊操』（№96）で使用されている表現に極めて近いものであり、日本のイエズス会員が養成中に親しんできた霊性を当時の信徒にも伝えようとしたことを表します。一方で、これはキリスト教そのものの教えでもあり、日本の教会に限ったものではありませんが、当時のキリシタンたちがこのような教えを受けていたことを確認することができます。迫害中のキリシタンがさまざまな工夫を施しながら二〇〇年を超えた潜伏時代を生き抜いたことも彼らの知恵を示しています。

終わりに

ここまでキリシタン時代の「知恵」について述べましたが、改めて重要な概念であり、言葉だと思います。語彙そのものを変える必要はなかったのですが、日本語で知られていた意味との区別を明確にする必要があったことが明らかになりました。目に見えない霊的な事柄であるからこそ、誤解を招く危険性もあります。現代においても同じ問題が残っており、さまざまな教えを日本語にしたからといってその内容が充分に伝わるとは限りません。しかし、それは今日を生きる私たちへのヒントになります。キリシタン時代の人々が知恵という言葉をそのまま宣教に使える道具としてみていたとすれば、その道具の使い方に焦点を当てて慎重に考えたと思います。最初に紹介した『日葡辞書』を見ても、一つの単語にポルトガル語の翻訳を付けるということではなく、その言葉がどのようなコンテキストで使われていたかまで紹介しています。やはり、当時も今も状況があってこそ言葉の使い方が決まるのです。現代のインターネットやさまざまなメディアは、状況を知らなくても情報を伝えることができます。しかし、その便利さに落とし穴があるとも言えます。今日の情報社会において、どれほど誤解が生じているかを考えてみれば明らかです。

キリシタン時代の知識人から学ぶとすれば、恐らく、私たちが知恵をもってその状況を見分けて話す（または書く）ということではないでしょうか。逆に、知恵がなかったら、正確な情報や正しい言葉を使っても通じ合うことはないでしょう。そのことが彼らから私たちへのメッセージであり、知恵を大事にする者として生き、知恵を持って生きるようにとの呼び掛けでもあるように思います。

天と地をつなぐユダヤ教の知恵——経済と知恵——

ホアン・アイダル

ユダヤ教の重要な聖典の一つであるタルムードには、「知恵のある人とは誰か。それは、心が天にあって、足は世にある人である」という言葉がある。ユダヤ教について、さまざまな理解があるが、ユダヤ教が教えようとする知恵は、天と地をつなぐ知恵に他ならないと言ったら、反対する人は多分いないだろう。

ユダヤ教ほど現世の人間生活を重視する宗教は少ないと考えられる。ユダヤの社会は、その規模に比して驚くべき数の卓越した科学者、音楽家、哲学者、ビジネスマンを輩出している。この現象は、おそらくユダヤ教の特徴を最も顕著に表した証拠と言えよう。

宗教の主たる目的は、人をこの世での生を忘れて天や天の物事に導くことではない。このことはすべての宗教に言えるであろう。しかし、それは、特にユダヤ教によく当てはまると思われる。現代のユダヤ人思想家ヘッシェルは、『人間を探し求める神』の中で次のように述べている。「ユダヤ教は人間に基づいた神学というよりは、神に基づいた人間学である」。ユダヤ教の主たるテーマは、神を信じる人間の現世における公正な生き方である。そのためユダヤ教では、典礼、祈祷、そして人間の神に対する神との義務のみならず、人間の社会生活、経済生活に関するあらゆる教えも宗教の一部であるとみなしている。

人間の社会・経済生活に関するユダヤ教の教示の大半は、キリスト教と共通の聖典である聖書と並び、ユダヤ教の伝統の中で最も重要な本と見なされるタルムード（「指示」という意味）にまとめられている。タルムードとは、標準印刷で六二〇〇ページを超える六三編から成る文書群で、裁判、遺失物、委託、不動産賃貸借、売買、相続等の問題について、ユダヤ教の律法学者であり、宗教的指導者であるラビたち（「わが師」という意味）の教えを中心にまとめたユダヤ教の多くの派の聖典である。聖書の最初の五つの書（「モーセ五書」）が「書かれた律法」と呼ばれるのに対し、タルムードは「口伝律法」と呼ばれている。主要な部分は西暦二〇〇年ごろに書かれたと言われているが、最初の印刷版は、一五二〇年から一五二三年にベネチアで発行されている。タルムードには律法の説明だけではなく、律法の背景にある哲学をめぐるラビたちの論争やその哲学を説明するための話もたくさん載っている。

本稿では、ラビの論争と話を中心に引用しながら、タルムードの経済生活に関する四つの教えを紹介したい。

一　「世界創造の叙述はなぜアルファベットのב《ベート》をもって始まるのか」

「文字ベートは前方以外がすべて閉じている。したがって汝は、その上に何があるのか、下に何があるのか、先に何があるのかと詮索してはならないのであり、宇宙が創造されたその日以後のことだけを考察すればよいのである」（ハギガ VII-7c）。

これはタルムードのよく知られた問答だがここにはユダヤ教の世界観が顕著に現れている。また、ユダヤ教がどのような種類の宗教なのかを説明するとき、ユダヤの思想家たちがよく用いる聖歌の文句に次のものがある。

「天は主のもの。地は人間に委ねられている」（詩篇115・16の言葉）。

ユダヤ教では、「天の物事（未来の人生、我々の永遠の救済、我々が神から必要とする恵み等）」と「現世の物事（我々の社会・経済生活）」は切り離すことができないと考えられている。また、ユダヤ人は、「天の物事」は全知全能で慈悲深い神の手にあるということを信じて疑わない。したがって人間にはそのことに従事する特段の必要性はない。そのため人間の主な心配事は、現世の物事に関するものでなくてはならない。ユダヤ教では、人が現世の物事を責任感と善意を持って行えば、それは必然的に神を喜ばせることになり、人は深い意味において宗教的な人間となる。逆に天の物事について過度に心配することは、眼前にある物事や人々から注意をそらせることになってしまう。

聖書の最初の書である創世記の記述によると、人間は「世界を耕し、守るために作られた」。ユダヤ教にとって聖者とは、多く祈る人ではなく、悟りを開いた人でもなく、また驚くべき苦行をしたり奇跡を起こしたりする人でもない。聖者とは、世界を守り、それを豊穣にする、つまり世界を誰もが飢えないで、住む家に欠くことのない場所にすることである。こうした考え方は聖書全般に見出すことができる。

ユダヤ教で最も尊敬されている預言者の一人であるイザヤの書には、次のような記述がある。

「このようなものは、わたしの選ぶ断食であろうか。人がおのれを苦しめる日であろうか。……わたしが選ぶところの断食は、悪のなわをほどき、くびきのひもを解き、しえたげられる者を放ち去らせ、すべてのくびきを折るなどの事ではないか。また飢えた者に、あなたのパンを分け与え、さすらえる貧しい者を、あなたの家に入れ、裸の者を見て、これに着せ、自分の骨肉に身を隠さないなどの事ではないか」。（イザ58・6—7）

祈りや苦行、奇跡を起こす力は、神がその人間に託した唯一の重要な使命を果たす助けとなる場合にのみ価値を有する。先に紹介した世界創造の叙述に関する問いが、少しユーモアをこめて言うように、記述は前方向にしか開いていない文字ベータから始まる。人間に、別の物事に惑わされることなく――それがいかに聖なるものに見えようとも――、世界を変え、目の前の隣人を助けることに従事しなくてはならないと思い出させるために。

この世界を守り、豊穣にする使命は人間すべてが自分の兄弟に対して持っている義務である。それはまた神に対する神との義務でもある。それぞれの人間が残りのすべての人間に行う奉仕であると同時に、神に対して人間が行う奉仕でもある。ユダヤ教において神を信じるということは、神が人類を愛し人類の幸福を望んでいると信じることである。

ユダヤ教では、神は幸せにするために人間を創造したと信じる。したがって、未だ苦しんだり、不当に扱われたりしている人々がいる世界は、人々に神について誤ったメッセージを伝える世界である。神がその子供たちを十分に守っていない、と公言している世界である。「不当とは、神に対する冒涜である」。ユダヤの哲学者エマニュエル・レヴィナスはこのように表現している。

神を信じ、神の善意を愛した人々を通じて、神は苦しむ人々を守り、不当を排除する。世界を良くするために働くことは、神が存在し、善良であり、人間の幸福を望み、人間を見捨てていない、と公言する一つの在り方である。ユダヤ人にとって神を信じるとは、公正な社会と経済の秩序のために働くことである。

「貧しきものや不幸なものに正しく対処すること、それこそ私を知ることであると主は言われる」（エレ22・16）

二元論を哲学的な前提とするギリシャ哲学と異なり、ユダヤ教の思想では人間を肉体と魂に分けない。人間は常に一元的なものであり、真理への渇望を鎮めることは、パンで飢えを鎮めることと同様に大切である。人間にとって唯一重要なのは魂であるから、肉体の苦痛は重要ではない、と考えるギリシャのストア派のような学派は、ユダヤ教には存在しない。

だからユダヤの賢者が、自らが助ける義務のある他者を呼ぶ最も一般的な用語は、「貧者」なのである。貧者とは、肉体的・精神的に苦しんでいる人である。リトアニアのラビ、イスラエル・リプキン＝サランテルの言葉を借りて言うと、「汝の兄弟の肉体的必要性は、汝にとって精神的な必要性である。汝の兄弟を食べさせることで汝は彼を救い、汝自身を救うのである」(『タルムード新五講話』、二四頁)。

神が彼のために願う善、それは彼の肉体が健全な状態にあることと切り離すことはできない。ユダヤ人は、他者に対して何も持たない手で奉仕することはできない。他者に対して祈ったり、善意を持つだけでは不十分である。その飢えを鎮め、裸体に服を着せる必要があるのである。

レヴィナスは次のように表現している。「経済には、神の面前での祈りや祈祷と同様の価値がある」(『困難な自由』、二三頁)。

次にユダヤ教の価値観を顕著に表したタルムードの話を引用しよう。

「ある日ラビ・エレアザルは泥棒をとらえることを任とする役人に出会った。その役人はラビに尋ねた。『どうしたら、泥棒を見破ることができるのか』。そこでラビ・エレアザルは言った。『私がどうやるか教えよう。朝の四時(現在の午前一〇時)に居酒屋に行け。もし手に杯を持って葡萄酒を飲みながらまどろんでいる者がいたら、何者であるか尋問してみよ。もしそれが学者であったら、それは彼が学問のために朝早く起きたことを意味している。もしそれが日雇い労働者であれば、それは彼が朝早くに仕事に出かけたことを意味している。もしそれが夜に働く者であれば、彼は針を作っていたのかも知れない。もしそのどれでもない者がいたら、それが泥棒である。その男を捕まえればよい』。この話が王の耳に入った。そしてラビは泥棒をとらえることになった」（レヴィナス『タルムード新五講話』、五〇頁）。

このラビ・エレアザルの居酒屋で飲んでいる人々に対する扱いは、奇妙に思えるかもしれない。しかし、タルムードの話は字義通りに捉えず、その背景にある考え方を理解する必要がある。

ユダヤ教の価値観では、人間は世界を建設しなければならない。世界は労働と学習によって建設される。だから、それ以外のすべての者――すべての非労働者、自分の手で働かぬ者、学習せぬ者――は悪の味方と見なされる。悪の淵源は、世界と他者に対する無責任にある。悪とは、他のどの罪よりも無責任それ自体を指す。「世界を建設しないこと、それは世界を破壊することである」と表現している。

二　ソロモン王の宝を持っていたとしても、果たすことはできないであろう

「ある日、ラビ・ヨハナソは彼の息子に言った。『労働者を雇い入れて来い』。息子は食事付きであることを雇用条件に入れた。息子が戻ってくると、父親は言った。『息子よ、たとえもしおまえがソロモン王の食膳に出されたような食事を彼らのために支度したとしても、あの人たちに対する約束を果たすことはできないだろう。彼らが仕事を始める前に行って、はっきり説明せよ。「あなたたちはパンと乾いた野菜しか請求してはならない」と』」。

このタルムードの一節は、人間に関する一つの教えを前提としている。それはユダヤ教の最も根本的な教えの一つである「人間は他者ための存在である」ということである。おそらく、人間は世界における唯一の「他者のための存在」である。他のあらゆる生物は「自分自身のために」生きている、あるいはほぼ同義であるが、自らの集団のために生きている。人間に自分勝手な傾向があることは否定できないとしても、ユダヤ教では人間は、自分の必要性や欲望を差し置いて、隣人の必要性を心から考えることができると信じる。

ユダヤ教は人間を中心に据えた宗教であるとよく言われるが、それは真実である。それは、最も古い創世記の話のほぼすべてが、人間の創造の話に費やされ、世界の他の生物についてはほとんど言及していないことにも現れている。しかし、なぜユダヤ教が人間を中心に据えた宗教であるのかを理解することは重要である。

ユダヤ教では、もし人間が存在しなかったとすれば、あるいは人間が創造主から与えられた使命を忘れたならば、世界は事実上、各々が自分自身の必要性のみしか考えない非常に悲しい場所になってしまうだろう、と考える。人間には、世界における唯一の根本的な使命がある。それは世界に愛を持ち込むことである。ユダヤ教では、世界に真の愛の存在を可能にすることが、地上における人間の主要な使命と考える。

人間であることとは、何よりも「他者のために」あることである。人間の根本的な使命とは、蓄積することではなく——そのためならば他の生物で十分であろう——与えることなのである。

「私はここにいます、ということ。他人に対して何かすること、与えること、人間的な精神はこういうことなのです」（レヴィナス『タルムード新五講話』、一三七頁）。

もし人間であることが、「他者のための存在」であることを意味するのであれば、私の兄弟との責任、兄弟に対する責任は無限である。私の他者に対する奉仕は、法が私に規定する義務を絶対的に上回っている。生ある限り、私は常に私の兄弟の助けになることができるだろう、助けを必要とする貧者は常にいるであろう。

だから、ラビ・ヨハナソの息子が、これから契約する労働者にいくら賃金を支払うか考えていた時に、父親は「たとえもしおまえがソロモン王のすべての富を持っていたとしても、値するものを果たすことはできないであろう」と言うのである。実際私たちの他者に対しての責任には制限がない。私の命をもってしても、私のすべての富をもってしても、私が他者に与える義務を果たすことはできない。

そして父親は次の一文を付け加える。「だから彼らにパン、水、そして豆を払うのだ」。

隣人に与えるべきすべてのものを与えるのは不可能である。だから賃金を決めるのである。法に定められた賃金とは、常に隣人に対して無限に負う義務を限定化したものである。必要な限定であるが、限定である。それは一種の「必要悪」である。言葉に厳密な意味で言うと正しく生きるということは、「法を順守する」ことではない。法を守り、同意した賃金は労働者に支払わなくてはならない。しかしそれは、私の他者に対する他者との義務が、法が定めるものよりもずっと大きなものであると知った上でのことである。司法の前では、賃金は公正であり得るが、神の前でそうではない。神の前では私は常に他人のために、さらなる何かを行わなくてはならない。

そしてこのことはとても重要な実践上の帰結を伴う。この世界には「法の定めるところを超えること」なしには解決できない、多くの不公正な状態がある。タルムードの用語で言う隣人に対する我々の倫理的な義務は、「法の定めを順法すること」をはるかに超えるものである。

我々の世界に社会的・経済的な不公正が蔓延している最も重要な理由の一つは、私たちが人間のこの最も大切な使命を忘れていることにあるのではないだろうか？　法に違反してはいないが、金持ちと貧乏人の格差を恒常的に広げることに加担している人間や企業は非常に多い。しかし本当にいかなる法も犯していないのだろうか？　他者を助けず蓄積する、他者のために生きずに自分のために生きる、このような生の在り方は、特定の政府によって定められたあらゆる法律よりも、もっとずっと大切な法を犯していることを意味しているのではないだろうか？

三　偶像は、偶像を破壊することはできない

「アブラハムの父は偶像の彫刻家だったのです。アブラハムは金槌を取って父のものであった偶像をすべて叩き壊しました。しかしその中の一体だけを残しておいて、その偶像に金槌を持たせておきました。やがて父のテラがそれに気づき『誰がこの神々をみな殺したのだ』と言いました。『あの神がやったのです、金槌を持っているあの神が』と言うと『そんなわけがない！　あれはただの石片に過ぎず命も持たず、その中に息もないではないか！　偶像は偶像を壊すことはできない』と言いました。そこでアブラハムは言ったのです、『その通りです、お父さん、偶像は偶像を壊すことはできません。』」（『創世記ラッバ』38）。

本稿の最初の部分で、ユダヤ教は人間の物質的な必要性に多大な重要性を置くこと、そして、ユダヤ教にとって一人の人間が経済的に成長することは、精神的に成長するのと同じくらい重要なことであることを述べた。しかし、ここで引用した三つ目のテキストは、その経済の世界に関しての重要な注意を喚起したものである。「偶像は偶像を破壊することはできない」。

私の隣人の経済上の必要性は、私が奉仕するべき義務ではあるが、これらの必要性が満たされる市場や経済を律する法の範囲のみでは、その義務を果たすことはできない。

市場の法は、倫理を通じて、また私たちが他者に対して持っている無限の責任を思い出すことを通じて、恒常的に修正されなければ世界を良くすることができない偶像になってしまうだろう。アブラハムの父であるテラは、偶像を作る職人だったがこのことをよく知っていた。世界の暴力の悪循環が戦争や武器で断ち切ることができないように、私たちが市場の法の決定論を捨てなければ、経済的な格差も崩れることはないだろう。

ユダヤ人は、しばしば聖者とは「地に足をつけ、心を天に置く」人であると言う。心と足を天に置く人は理想主義者か神秘主義者であり、ユダヤ教が理解しているような聖者ではない。逆に、足と心を地に置く人は偶像崇拝者である。

タルムードにとっては、地と天の間の緊張――例えば、経済の法と隣人に対する無限の責任との間の緊張、法の定めと人間としてしなくてはならないことの間の緊張――に生きる人のみが正しく生きているといえる。

タルムードには以下のような記述がある。

「ラビ・ヒヤ・ベン・アッバは言った。『すべての預言者たちは、律法を学ぶ学生に自分の娘を嫁として与える者のため、律法を学ぶ学生のために商いを行い働く者のため、あるいは自己財産で律法を学ぶ学生を利する者のためにのみ救いを預言した』」（『サンヘドリン』99a）。

法とは、人間の他者に関する責任以外の何物でもない。したがって「律法を学ぶ学生」とは、人間にこの世界における人間の使命を思い出させる人であり、人間にその名を「他者のための存在」以外の何物でもないことを思い出させる人である。

そのため、神からの救いは、日常的な経済生活は続けるが、生の決定論そのものには身を委ねない者たち、日常的な経済生活は、自分の名前を忘れさせることを許さない者たちのみに約束される。

四　火災で被った損害

「もし誰かが火事を出したら、その者は損害を賠償しなければならない」「火災を起こし、それがいばらに燃え移り、そして小麦の束が焼き尽くされ、あるいは立ち穂《ほ》、あるいは他人の畑に損害を与えた場合、出火させた者は、必ず償いをしなければならない」（ババ・カマ『タルムード新五講話』、二二九頁）。

世界には、社会の構造的罪――暴力、金持ちと貧者の格差、不正――は、現実には誰のせいでもない、という便利な間違った誤解が存在する。「世界とはそういうものだ」「それを改善するためにできることは何もない」。このことは誰のせいでもない。

金持ちと貧者の格差は、ほとんどどうにもならない悪であり、おそらく誰も否定できない真実である。完璧な世界とは、おそらく到達することのできない理想である。しかし、完全な世界とは、常に一つの理想であるということと、世界が不完全なのは誰のせいでもないということは、まったく違う。

タルムードは、すべての人が何らかの形で、「世界はこうありますように」というものに向かって協力すると考える。だから私たちは皆、苦しむあらゆる人々の苦しみに責任があるのである。

火は、我々すべてが責任ある「構造的罪」と呼ばれるものの良い例である。火を最初につけるのは常に具体的な人間である。しかしその最初の行為に、風、乾燥した草等、火をつけた人間によらない多くの別の原因が加わり制御できなくなる。

私たちが経済や金持ちと貧者の格差について話をするときも、おそらく同じことが言えるであろう。人々の間の経済的格差は、私が必要でない物をため込んでいること、不公平な法律を廃止するよう十分に戦わなかったこと、最も恵まれない人々の苦しみに注意を向けなかったこと等の結果なのである。

そしてそこに私がコントロールできない別の力が加わる。それは「経済の世界」独自のダイナミズムや人と人の間にある才能の違い、運の良し悪し等である。

タルムードの教えの興味深い点は、「出火させた人」には、制御できるものについても制御できないものについても同様に責任があると、考えさせることにある。

出火責任者には、用心をすることや自身の権能だけではどうにもならないことについての責任もある。火事は制御できない力であり、そこにさらに他の制御できない力がこれに付け加わる。制御できない力が火事に介入することによって、私の責任は減らずにむしろ増大するのである。

ここにもまた、タルムード全体を通じて見出すことができる共通の考え方が表現されている。私たちの責任とは、法が規定する責任ではなく、人間である私たちの本質を構成している使命から来る責任なのである。私の兄弟一人ひとりに奉仕し、彼らが苦しむのを看過してはいけないという責任である。

私たちが、自分に関係のない人々の苦しみに責任を負っている、と知ることは非常に重要なことである。そのことを忘れる者は、先に述べたように世界の決定論に流され、世界を良くするためにできるすべてのことを行わない。私たちの罪と責任を意識したら、私たちは法律の限られた正義が与える静穏の上に休んでいることはできない。

レヴィナスは次のように述べている。

「永劫の時の流れといえども、世界の中のすべての財貨といえども、人間に対して犯された傷を癒すことはできない。この傷口からとまることなく血が流れ続ける。あたかもそれを止めるためには同じ痛みが必要であるかのように」（『困難な自由』、一九八頁）。

私たちはこの世界の諸悪――私たちが消すことに尽力しなかった火によって起こされたすべての損害――をすべて解決することはできなかったとしても、少なくともそれを嘆き、修復するために生きるべきである。

人間には「世界とはこういうものだから、私が直そうとする必要はない」「悪は実際だれの責任でもない」という言い訳に逃げ込むことは許されてはいない。また人間には、貧者の苦しみは貧者のせいであると考えることも許されていない。

「被害者に責めを負わせるこのような心理学は、いたるところで見られます。そうすることによって、悪はそれほど不合理なものでも恐ろしいものでもなくなるように思えるのです。もし、ユダヤ人たちの言動が違ったものであったら、ヒトラーは彼らを大量に殺しはしなかったかもしれない。あの若い女性があれほど挑発的な服装をしていなかったら、男は彼女に暴行することはなかった。もっと一生懸命に働いていれば、彼らは貧しくはなかっただろう。犠牲者をこのように悪く言う、世界は見かけよりも、住みやすいのだ、人が苦しむのはそれなりの理由があるのだ、と言って自分自身を安心させるためのひとつの方法なのです」（H・S・クシュナー『なぜ私だけが苦しむのか』、四八頁）。

「貧者は十分に働かないから貧しいのだ」。もしこれが本当のことであれば、私は不幸な人を助ける必要はない。私は安心できる。

しかし、タルムードやユダヤの思想一般にとって、自分が唯一確信できるのは自分の罪と責任のみである。私は他人の罪について（他の人は罪を犯したかどうか）、他人の責任について（他の人は自分の責任をきちんと果たしているかどうか）確実に知ることはできない。しかし、自分の罪と責任についてはそれができる。

他人が行うこととは関係なしに、火事の責任は出火責任者にある。他人の罪は私でなく、神によって裁かれる。このことはおそらく、ドストエフスキーの文章に最も適切に表現されている。

「私たちは誰もが、すべての人に対して、罪びとですが、中でも一番罪深いのは私です」（『カラマーゾフの兄弟』）。

本稿を「神に基づく人間学」であるユダヤ教の精神をよく表現した一つの祈りで終わらせたい。

「神よ、戦争を終結させたまえとは祈りません
自分と隣人のなかに
平和への道すじをみずから見いだすべしと
神がこの世を創られたことを知っているのですから。
神よ、飢餓を救済させたまえとは祈りません
われらが知恵をめぐらせさえすれば

世界中の人が食べるだけの資源を
すでにさずけてくださっているのですから。
神よ、偏見を放棄させたまえとは祈りません
われらが誤らないのでさえあれば
人はみな善であると観る眼を
すでに与えてくださっているのですから。
神よ、絶望から脱出させたまえとは祈りません
われらが善政を行ないさえすれば
スラムに太陽と希望を充たすすべを
すでにさずけてくださっているのですから。
神よ、病苦を根絶させたまえとは祈りません
われらが正しく用いさえすれば
治癒の方途を探究する知性を
すでに与えてくださっているのですから。
ですから、神よ、ただ祈るのではなく
力と決断と意志をのみ

われらは祈り求めるのです」。（ジャック・リーマー）

華やぐ智恵《ソフィア》？
――〈宗教的霊性へと超出する智恵〉の原義――

長町　裕司

序文ばかり

数年前に他界された、昭和後期から平成時代の日本の代表的な詩人であり優れた文芸評論家であった大岡信氏（一九三一―二〇一七）は、高校の国語の教科書にも教材として掲載されるなどかなりの読者層に読まれた『言葉の力』（初出『世界』、一九七八年一月）という味わい深い文章の書き出し部において、以下のような一つの古代メソポタミアの人々のものとされる詩を挙げている。

きのう生まれたものがきょうは死ぬ

つかの間のうちに人間は闇に投げ込まれ
突然押しつぶされてしまう
喜びに歌を口ずさむときはあっても
たちまち嘆き悲しむことになる
朝と夜との間に人びとの気分は変わる
ひもじいときには亡骸のようになり
満腹になるとその神とも張り合い
ものごとが順調にいっているときには天にも昇るなどとしゃべるくせに
困ったときは地獄に落ちそうだとわめく

このような小さな詩の形でのささやかな言葉の内にも、古代の一文明を形成した人々の苦悩と波乱に富む生活を通して培われた〈人間的生の洞察〉が滲み出てくる。大岡氏は、「人間について描写し得る最も普遍的な姿を要約して言ってしまえば、こんな程度になってしまう」と、人間がその眼に映る自ら自身のイメージは今も昔も変わらないものだと唖然たる思いを感慨深く表明している。そして、このような古代文明の遺産からの一篇の詩にしても、「日常生活の非常にささやかな喜び、悲しみ、怒り、絶望といったものを文字にした、実にささやかな表現」であるからこそ、「時代を超えて心に響く」智恵の輝きを宿しており、「しばしば人を深く揺り動かすという」事態に注意を喚起している。

あるいは、インドに生まれアメリカで心理学を専攻し、多くの霊的講話を編集し執筆もしたイエズス会士アントニー・デ・メロ（Anthony de Mello, 1931-1987）は、東洋と西洋の霊性を統合する試みである〈サダナ〉の霊的指導法を通してもまた彼の出版した書籍の邦訳によっても、カトリック教会内では日本でもかなり知られた存在であったが、その邦訳書の一つ『小鳥の歌 東洋の愛と知恵』（原著 The Song of the Bird, 1982 ― 邦訳 谷口正子訳 女子パウロ会出版、一九八五年）の中に散りばめられた幾つもの挿話の中に、古代インドの賢者に纏わる伝説として次のようなものがある。一つの物語でもあり、少し長いが引用したい。

ヒンズー教の賢者ナラダが、ヴィシュヌ神（＝ヒンズー教三大神の内の第二神）の神殿へと巡礼の旅に出た。ある夜彼は、とある村に足を止め、貧しい夫婦の家で歓待を受けた。翌朝出掛ける前に、男はナラダに言った。「ヴィシュヌの神殿にいらっしゃるのですね。わたしと妻に、子どもを授けてくださるようお願いしてくださいませんか。わたしたちには、もう何年も子どもがいないのです。」

神殿に着いたとき、ナラダはヴィシュヌ神に言った。「あの人とその妻は、わたしにたいへん親切でした。二人に慈悲をおかけくださり、子どもをお与えください。」神はきっぱりした態度で答えた。「子どもを持つことは、あの男の運命にはない。」そこでナラダは祈りを捧げ、家に戻った。

五年後、ナラダは同じ巡礼に出かけ、同じ村に足を止め、同じ夫婦から再び歓待を受けた。今度は家の入り口に、祈っているふたりの幼い子どもがいた。

「どなたのお子さんですか？」と、ナラダは尋ねた。「わたしのですよ」と男は言った。ナラダは当惑した。男は続けて言った。「五年前、あなたがここを去られた後、ひとりの聖者がわたしたちの村に托鉢に来ました。夜、わたしたちは彼を泊めました。翌朝、出発前に、彼は妻とわたしを祝福しました。……そして神様はわたしたちにこれら二人の子どもを授けてくださったのです。」

これを聞いたナラダは、直ちにヴィシュヌの神殿に向かった。着くなり神殿の入り口から叫んだ。「あなたは、あの男の運命には子どもを持つことはないとおっしゃったではありませんか？　彼は二人も持っています！」

これを聞いてヴィシュヌ神は高らかに笑った。そして言った。「それは聖者の業にちがいない。聖者というのは、運命を変える力を持っておるのじゃ！」（前掲『小鳥の歌東洋の愛と知恵』一二三―一二五頁 参照)。

読者の方々におかれては、この話を読まれてどう思われたであろうか? よもやこのヴィシュヌ神の神性に疑問を抱かれて、擬人化された偶像神の話へと読み替えて済ましてしまうようなことはなさらないであろう。わたしなどはむしろ、賢者ナラダがもう一歩〈神的な新しい智恵〉へと教化された出来事を物語る話として読みたいと思う。手厚いもてなしを受けた若い夫婦の切実な心の願いを取り次いだ行為の因果から、その願いを成就する神的な奇跡が生起するわけではない。むしろ、「運命(または宿命)」と理解される他ない事態が厳然と立ちはだかる。他方、無尽蔵な慈しみからの神の真実なやり方は、人智を超えて人間の心の中からの祈りに応答するものである。「二人の子ども」と記されているのは、賢者ナラダと聖者の二人分に相当するのかもしれないと推察するのは、少し穿った行き過ぎの解釈であろうか。

ところで『華やぐ智恵』という本稿の本題目は、ニーチェ(Friedrich Nietzsche, 1844–1900)がその後期思索圏へと向かう円熟期に突入した時期の重要な著作『悦ばしき知識/学問(die fröhliche Wissenschaft)』(一八八二年刊行、第五部の改稿と序文を付して一八八七年に再刊)の題名からの意訳である。確かに、ニーチェ自身が第二版の表題にイタリア語で »la gaya scienza »と添えているので、「華やぐ智恵」という題目翻訳もニーチェによる本書の意図を汲み取るものと言えよう（事実、この表題での邦訳版も存在する）。いづれにせよ、ニーチェがこの書名をもって本書を著した精神的境位に関しては、上記の再刊された第二版の序文での次の一節が如実に語っている。

『華やぐ智恵（悦ばしき知識／学問）』、この題名が意味するのは或る精神のサテュロス（農耕神）祭であり、この精神は身の毛のよだつほどの長い抑圧に忍耐強く抵抗してきたのであった。辛抱強く、厳格に、冷徹に、屈従することなく、しかし希望することなく——今やこの精神は突如として希望の発作に襲いかかられるのである、健康への希望、恢復（治癒）の酩酊（陶酔）に。（KGW = Kritische Gesamtausgabe, hrsg. von G. Colli und M. Montinari, Berlin 1973, S. 13.）

サテュロスは、〈自然の豊穣の化身〉を象徴し、ギリシャ神話に登場する半神半獣の精霊的存在で、酒神ディオニュシオスの従者でもあるのだから、ニーチェはここで、西洋の合理主義化した文明とその文明を推進した学問と知の在り方の支配的抑圧に対する批判的抵抗の精神がついに自ら始原からの健康を恢復することを、〈華やぐ智恵〉という皮肉も込めたタイトルで表現していると考えられる。それでも〈知識／学問〉という語に快活で「愉しき（fröhlich）」精神的境地を刻印し直すのは、ニーチェの芸術的精神からの哲学も含め凡そヨーロッパ的知の本質構造を解体せしめ、その伝統を震撼せしめるからに他ならない。この著作刊行の時期にニーチェは、「自由精神（der freie Geist）」というモットーをもって、過去の因習に対する束縛や妄執をかなぐり捨てて、自らの歴史的生に定位した宿命的現在を受け止めてゆく態度を奨励する。この「自由精神」を「諸々の世界遠近法を主権統宰的に意のままにできる者」であるとする解釈も可能であるが、ニーチェはかつて、彼のより初期の著作である『人間的な、あまりに人間的な』（一八七八年）の第一巻への序文において以下のように定式化していた――「われわれの今日に規則を賦与するのは将来である」。診断しつつ究明する認識は本来に初めて、新たなる認識境位にとっての地平が開示され思惟の営みに一定の規則が基準として与えられる一種の〈預言者的な未来予見〉を通して成立するのである。

なるほど『華やぐ智恵』という表題には、以上のような背景事情からの由来を加味しての、とりわけ西欧近代によって推進された科学的－合理主義的学問の理念に基づく知の趨勢に対しての痛烈な批判と離反が含意されているに違いない。然るに――本稿の著者がこの表題に〈？〉を、大きな疑問符を付しているのは何故か。実はそれは、本稿を一読していただかなければ解き明かせないのであるが、正にこの〈?〉に込められた否定性の根源こそはキリスト教信仰とその宗教的霊性の震源と源流なのである。以下の叙述からは、そもそも真の智恵それ自身には果して「華やぐ」といった動性を冠することはふさわしいのかも問い直されることになるだろう。古代イスラエルのヘブライ民族の〈神に導かれる民〉としての自負とも言える、神から授かった智恵の伝統の優位を旧約聖書の中で『シラ書』二四章は明示的に語り出している。

知恵は自分自身をほめたたえ、その民の中で誇らしげに歌う。……わたしは栄光に輝く民の中に、わたしのものとして主が選び分けた民の中に、根を下ろした（同 一節、一二節）。

『シラ書』の最終部の数章では、古代イスラエルの民を〈神の智恵〉によって指導した諸預言者や偉大な王たちおよび賢者たちが回想され、さらに最終章（五一章）は、この書の著者であるシラの子イエススの来歴と自らが求め続けた智恵への賛美と祈りをもって結ばれる。われわれは次に、このような神的智恵へと如何にして人間精神が開かれ得るのかを問題とした思想史的脈絡に分け入ってゆくことにしたい。

一　神探究のための〈智恵の狩猟場〉の開拓――ニコラウス・クザーヌス

キリスト教思想の伝統において、紀元後三世紀後半以降の教父（Patres Ecclesiae）たちによる正統信仰の根本内容を巡っての組織的思考の展開の内部から、キリスト教信仰と「聖書及び聖なる伝承」に深く根差した〈智恵の理解〉も発展継承される明確な路線が見いだせる。けれどもここで、（ギリシャ系とラテン系、さらにはシリア地方を含め広くオリエントへと広がる）キリスト教の古代教父思想を通しての智恵の思索に立ち入ることは全くできない。そのような叙述は、教父学を専門とされる方々にお願いしお任せする他ない旨、断り書きを一言させていただきたい。他方、キリスト教思想の厚みある歴史の鉱脈から診断しても、此の度少し主題的に問題化したいニコラウス・クザーヌス（一四〇一―一四六四）によるキリスト教信仰からの真正な思索の道における〈智恵の理解〉の豊穣なる発酵は特別な位置を有し、今日われわれが改めて自らの精神的糧とする上でも重要な意義を持つと考える。先ず具体的に取り上げたいのは、彼の一四五〇年の対話的三部作（Triologia）の中の第一の著作『智恵についての無学者（Idiota de sapientia）の対話』である。この年の一月、教皇ニコラウス五世によってカトリック教会の教皇を直接に補佐する高位聖職である枢機卿（Cardinalis）の一人に既に叙任されていたクザーヌスは、同年三月に南チロル地方のブリックセンの司教就任の任命を受けるが、教皇の全権代理使節として全ドイツへの旅が開始される前の夏季は彼にとって、著述のために比較的落ち着ける時であった。三部作の内の第一に当たる『智恵についての無学者の対話』は、この年の七月十五日にその前半（第一部）が、公務の後の三週間後の八月七日と八日に後半部（第二部）が集中的に起草されたことが分かっている。

さてこの対話篇は一貫して、古代ギリシャ／ローマ以来の古典的教養を身につけ学識豊かな弁論家（Orator）と学知を得ることには素人であることを自負する一介の無学者（Idiota：俗人にして素人）との間での対話の展開として進行してゆく。二人のローマの市場（または広場 forum）での出合がしらでの押し問答の部分では、伝統的な著述家たちの権威（auctoritas scribentium）に呪縛されて学的知識（scientia）の積み重ねによる（per additamenta）増大に精進してきた弁論家に対して、無学者は「智恵は野外で、街で叫んでいる。そしてその叫びがあるのは、智恵自身が最も高いところに住んでいるからである」という旧約聖書の智恵文書である『箴言の書』第一章二〇節と『知恵の書』九章一七―一八節を併せた言明をもって応答する。そして無学者の〈覚知的無知（docta ignorantia）〉、つまり〈自らが無知であることの智恵〉は、神の御手によって書かれた書物である全世界から、従って「巷で叫びをあげている智恵」からこそ学び習得するところのものであると宣言される。

その後二人は、髪を刈る職業人の（ぶどう酒）貯蔵部屋に行ってこの「巷で叫びをあげている智恵」の対話的究明に着手してゆくが、この部屋から眺望できる最も人間的な生活世界を象徴する市場での営為の考察をその発端としている。以下にその対話の一部を引用してみたい。（中世思想原典集成 第一七巻『中世末期の神秘思想』平凡社 二〇〇二年刊 に所収の小山宙丸氏の邦訳を概ね踏襲し、一部改訳している）。

弁論家　あそこではお金が数えられており、別の一隅では賃金が量られており、反対側では油やその他のものが量られているのが見えます。

無学者　これらのことは彼らの理性（ratio）の働きです。この理性によって、人間は獣よりも勝っているのです。……［中略］……。さあ、弁論家よ、これらのことが何によって、何において、何から為されるのかに注目し、そしてわたしに言って下さい。

弁論家　区別／識別（discretio）によってです。

無学者　あなたのおっしゃる通りです。でも区別は何によってですか？　一（unum）によって数えられることによってではないでしょうか？

弁論家　どのようにしてですか。

無学者　一とは一の一倍、二とは一の二倍、三とは一の三倍、以下同様にではないでしょうか。……［中略］……それゆえ、すべての数は一によって成り立っているのですね。……［中略］……それゆえ、一が数の原理であるのと同様に、最小の重さ【ウンキア】は計量の原理であり、最小の長さ【ペティトゥム】は計測の原理なのです。……［中略］……このように計算は一から、計量はウンキアから、計測はペティトゥムから成り立っています。そのように、一のなかに計算が、ウンキアのなかに計量が、ペティトゥムのなかに計測があるのです。あなたはそう思いませんか。

弁論家　確かにそうです。

無学者　けれども、一性（unitas　一であること）やウンキアやペティトゥムは何によって到達されるのでしょうか。

弁論家　わかりません。でも、一性は数によって到達されないことはわかります。なぜなら、数は一の後にあるものだからです。同じように、ウンキアは重さによって、ペティトゥムは長さによって到達されません。

無学者　弁論家よ、あなたは大変よいことをおっしゃいます。つまり、単純なものは合成されたものよりも本性上より先なるものであるのと同様に、合成されたものは本性上より後なるものです。それゆえ、合成されたものは単純なものを計ることはできません。……［以下、中略］……。

弁論家　以上のことはよくわかります。

無学者　街のこの智恵の叫び声を、智恵が住む場所である最も高いところに移して御覧なさい。そうすればあなたは、豪華に飾り立てられたあなたのたくさんの書物におけるよりも、はるかに喜ばしいものを見出すでしょう。

弁論家　このことによってあなたは何をおっしゃりたいのか説明して下さらなければ、わたしには理解できません。

無学者　もしあなたが本心から望んでそう言っているのでないならば、わたしは禁じられているでしょう。智恵の諸秘儀は至る所で誰にでも明らかにされるべきではありません。

クザーヌスは、しばしば――幾つかの他の著作、例えば『神の子であることについて（De filiatione Dei)』（一四四五年）においても――凡そ数が成立する原理たる数的一性（monas）は数によって数えられ得ないにもかかわらず、すべての数の源泉であることにおいてすべての数の内に〈数えられない様式〉によって存在することから、智恵の初めとしての原理探究への道の手ほどきとしている。上掲の引用の部分に依拠しつつ続いて無学者は、すべてのものの究極的な原理（principium：根源／始原）といったものは「原理から導き出され得るすべてのものを基礎づけ、それによって／おいて／から知解可能にするが、その原理それ自体は原理づけられた如何なるものによっても（per nullum principiatum）到達されることなく、知性によって把握不可能なものとして留まり続ける」ことを開陳してゆく。その最後の部分で、以下のように一定の帰結が述べられる。

【智恵が住んでいる】最も高いところとは、それ以上高いところがあり得ないところです。唯一その高みのみが【真の】無限なのです。ですから、智恵とはあらゆる人間が本性的に知ることを切望し、それほどの精神の情熱をもって探究しているのに、次のような仕方以外では知ることができないのです。即ち、智恵そのものはどんな知識（scientia）よりも高く、知識によっては知られ得ず、どんな語りによっても言い表せず、どんな知性によっても知解され得ず、どんな尺度によっても測ることができず、どんな限界によっても限界づけられず、どんな限定によっても限定づけられず、どんな比（proportio）によっても比例化不可能で、どんな比較（comparatio）によっても比較され得ず、……［中略］……、どんな肯定によっても肯定され得ず、どんな否定によっても否定され得ず、……〔中略〕……。智恵とは、それによって、それにおいて、それから、あらゆるものが存在するところのものです。

智恵は一方では歴史的世界－生活世界及び宇宙論的な全現実に自らの痕跡を刻印しているが（「智恵は野外で、街で叫んでいる」）、他方で智恵それ自身の座は無窮なる高みの開けに他ならない（「智恵自身は最も高いところに住んでいる」）ことが改めて表明される。その上で、「把握することを本性とする、どのような知／知識／学知（scientia）によっても知られ得ない（＝把握され得ない）」智恵の無窮性への覚醒である〈覚知的無知〉の精神的境地は、人間の知性の動性に固有に開かれる営為の諸相に対して際限なく言語表現化され得る。けれども、この人間の知性的精神も含めあらゆるものの原理でもある神的智恵それ自体は、どのような表現によっても言表不可能（ineffabilis）であり、われわれの知的ダイナミズムの内的運動からは正に到達され得ないものとして覚知される他ない。

但し、このような神的な知恵の〈如何なる限定をも脱する無限への動的な高み〉は、われわれが見出すすべての現実の内からの反照（＝知恵の叫び）を通して人間の精神にその実りの「前もっての味わい（或る種の味の予感 praegustatio）」を与えており、それゆえにわれわれの精神は自らの内に開かれようとする固有な〈いのち〉の無限性へと駆り立てられると言える。けれども同時に、「自らの内に開かれようとする〈内的いのち〉の無限性への近づきがたさ或いは把握され難さこそは、他ならぬ自らが切望し続ける把握そのものであること」という透明な味わいをもった自覚が無学者の絶えざる精神的態度である。その神的智恵の「味わわれない仕方で（ingustabiliter）味わわれる、最も喜ばしい内的味わい」なしに自らを世の知恵者の座に置き知識の言葉のみを使って語る者は、それが名高い学者やひとかどの研究者であろうとも、クザーヌスにとっては「傲慢な愚か者」以上ではないのである。

『智恵についての無学者の対話』の第二部におけるさらなる展開部で、特筆すべき行程箇所は、無学者が「もしあなたにわたしが神についてわたしの抱いている概念（conceptus）を解き明かさねばならないとしたら、……［中略］……、わたしたちに共通に知られている語の力の内部でわたしがあなたを問われているものへと導けるように、意味深い語を用いた議論でなければなりません」と前置きして、〈言葉の神学において（in theologia sermocinali）〉の可能性を尽くす問題脈絡であろう。そこでの対話の主要部分を先ず以下に呈示してみよう。

弁論家　さあどうぞ、あなたによって前の箇所であらかじめ述べられたことへとわたしたちは戻りましょう。そして順番に説明して下さい。先ず最初にあなたはこう言いました。神は概念的把握の概念なのだから、概念についての概念は神についての概念である（conceptum de conceptu, cum Deus sit conceptionum conceptus, esse de Deo conceptum）、と。概念的に把握するのは精神（mens）ではありませんか。

無学者　精神なしに概念は生じません。

弁論家　それゆえ、概念的に把握することは精神の為すことであるから、その場合には、絶対的概念を把握することとは絶対的精神の業を把握することに他なりません。

無学者　続けて下さい。あなたはまだ途中ですから。

弁論家　しかし絶対的精神の業とは、あらゆる形づけられ得るものの形相に他なりません。わたしには概念の概念とは神的な業のイデアの概念に他ならないと思われます。わたしが真実を言っているのかどうかお答えください。

無学者　もちろん全くおっしゃる通りです。絶対的概念とは把握され得るすべてのもののイデア的形相より他にはあり得ず、イデア的形相とはあらゆる形づけられ得るものの相等性（aequalitas）だからです。

弁論家　この絶対的概念とは、わたしが思うには、神の言葉あるいは根拠（Dei verbun seu ratio）と言われるものです。

無学者　学者たちがどのように語ろうとも、その概念の中にはあらゆるものが存在します。それは丁度、先行する根拠なしには存在へとは歩み出ないものを、わたしたちが根拠の中により先に実在していると語るのと同様です。……［中略］……したがって、それ自身の内にあらゆるものを先行的に包含する絶対的な根拠の単純性へと深遠な精神によって目を向け洞察する者は、それ自体によってまた絶対的である概念についての概念を形成するのです。そしてこれが、わたしが前もってお話した第一のことだったのです。

この対話内容は、難渋で哲学的な思考脈絡に迷い込むような印象を与え、多くの読者の方々は未踏の荒漠とした（展望の利かない）砂漠へと引き入れられたような思いに困惑されるかもしれない。然るに実は、このような神についての考察は正に「容易なむずかしさの極致」（Nulla est facilior difficultas quam divina speculari）なのである。〈真の無限〉へと精神の眼が開かれることから概念化作用は、概念から概念把握され得ないところのものに接近する（accedit igitur conceptus de conceptu ad inconceptibilem）ダイナミックな運動としてのその精神的本性を露顕せしめるので、このように人間的概念把握の本性が端的に透明化されることが——それ自身は概念把握され得ない絶対的概念としての——神の概念（＝概念の概念）に他ならないと述べられている。神は絶対的に概念把握され得ないものとして、あらゆる概念化の営みが成立する前提／土壌にして根拠（ratio）であることが〈把握され得ない仕方で把握される〉という絶対的概念の意味においてのみ指示され得る。この絶対的概念とは、〈神の言葉〉とも〈相等性（aequalitas）〉とも、人間的な「言葉の神学」の可能性を活用して表示されるが、正にこの生ける精神動性が開示される絶対的概念の境位こそが本対話篇の前半を通して教示された神的な智恵の座に他ならないであろう。「精神によってなるほど観て取られるが、概念的に把握されることのない」（参照――クザーヌスの後年の著作『観察者の指針非他なるものについて（Directio speculantis seu de non aliud）』一四六二年、二〇章）神的な智恵への精神的参入において、「絶対的な容易さは絶対的な把握不可能性と一致することが洞察される（intuetur absolutam facilitatem coincidere cum absoluta incomprehensibili-tate）」事態として現出するのである。

クザーヌスは齢六十歳を越えたほぼ最晩年（一四六三年）に『智恵の狩猟について（De venatione sapientiae）』と題するかなり大部の著作をしたため、「わたしがこの年齢に至るまでの間、精神の洞察によってより真であると思いなしてきた智恵の狩猟の諸々の獲物を、手短にまとめて後世の人々に残そうというのがこの著作の意図である」と序言で述べている。実はこの著作に取りかかる少し前にクザーヌスは、ディオゲネス・ラエルティオス（生年不詳）による『ギリシャ哲学者列伝』全十巻のラテン語訳を丹念に読み直す機会を得て、古来の哲学者たちの智恵の諸探求が知性によって予感的に味わわれる智恵からの滋養物を糧として営まれてきたことを改めて明らかにする。哲学者の理性的探究とは、自らに生来備わる論理的能力（logica）による始原／万物の普遍的原因／諸原理の究明であり、それらは〈智恵の狩猟〉の諸様式であった、と結論される。さらにとりわけ、プラトン派の哲学者たちと（偽）ディオニュシオス・アレオパギテスの智恵探究は、旧約聖書伝承が創造の秩序において表明する内容と一致することまでも述べられている。然るにクザーヌス自身は、これら伝統からの哲学者による智恵探究に連なりつつも、そのような精神的境地を超えてさらに最も適した〈智恵の狩猟のための狩猟場（campus）〉を生涯の課題として開拓し続けたことを宣言し、以降それぞれの狩猟場についての再考録（Reflexionen）が綴られてゆく（同書 第十一章以降）。

以上のように智恵探究は、西洋の精神史を通じても長い伝統の脈絡に再認されるのであるが、東洋においても「理性を優先する学的態度の限界を示唆しながら、絶対的な境域である〈智恵〉〈道〉の前に謙虚であることを徹する体得の方途」を説く思想が存する。八巻和彦氏（カトリック教徒、早稲田大学名誉教授／桐朋学園大学特任教授）は、『東アジアにおける〈知恵〉概念の伝統とクザーヌスの〈知恵〉概念』という論稿（一九九〇年、ドイツのトリアー大学での「クザーヌス・シンポジウム」での講演、現在は同著者『クザーヌス 生きている中世 ― 開かれた世界と閉じた世界—』、ぷねうま舎刊、二〇一七年、二七七―三〇一頁に所収）において、クザーヌスの〈覚知的無知〉の精神境位と老子の説く〈愚人〉の境地の親近性とともに緊張を孕んだ相違性を詳しく研究して明らかにしておられる。きわめて興味深い内容であるが、別の機会にこの問題視点についても考究したい。

二　キリスト教霊性の伝承より智恵理解への註解——トマス・アクィナス

【続く部分の記述は、読者諸氏にさらなる忍耐をお願いしなければならないと思われる。と云うのも、西洋ラテン中世を通してのキリスト教信仰の組織的思惟は、スコラ学という形式の伝統を確立したのだが、今日のメンタリティーからはその思考形態に接近するのは容易ではないと鑑定されるからである。とは云うものの、このようなスコラ的遺産には、特に以下に概述を試みるトマス・アクィナスの智恵理解の組織法には、今日のわれわれが改めて学びその精神的境地から大いに照射されて然るべき宝庫が隠されているので、少し垣間見る程度にでもお付き合い願いたい。】

トマス・アクィナス（一二二五―一二七四）は首尾一貫して、人間知性における自己完成を（諸々の倫理的‐知的徳及び恩寵的習性を精神の主体的態勢として土台としつつ生成するところの）智恵（sapientia）働きに存する、とする。智恵の活動態は形式的に、自らの活動の彼方には何の目的設定も有さない自己目的性、遂行と目標の同時性によって特徴づけられる。トマスの場合には、智恵は知性を通して実現され得る最高の可能性として、先ずは学問論的文脈から問題化するのが特徴的である（――アリストテレスの影響圏域による、と言える）。

すなわち知恵の働きは次の二つの根本形態、（a）哲学的－形而上学的超出としての形態（＝存在するもの全体と認識の究極諸原理に遡る解明及び基礎づけ機能）と（b）神的な事柄それ自体が自らを巡って知の遂行の主題となる神（学）的智恵、つまりキリスト教的に〈聖なる教え（sacra doctrina）〉へと様式的に分節化乃至は区別される。その際、前者（＝哲学的－形而上学的智恵）がその自立性において後者（＝神（学）的智恵）に吸収されることはないものの（In de Trin q. 2 a. 3 c）、またこの点はトマスに独自の精神論における総合から帰結するのでもあるが、存在者全般の究極原因（causa altissima）としての神的なるものからの主体的・遂行的統一によって可能な神（学）的知恵こそが端的に最勝義の「知恵」と考えられていることは否めない（S th I q. 1 a. 6 c; II-II q. 9 a. 2 c; Pot q. 1 a. 4 c; CG II 4; In II Sent prol.: etc. ―― 究極的な神的知恵から創造論的秩序に従って諸々の認識の段階及び知恵の在り方が流出するとする、キリスト教化された新プラトン主義的図式によるトマスの理解については In de div nom c. 7 lect. 2 n. 716）。より詳論すると、トマスはここで先ずアリストテレスの『形而上学』

における知の上昇図式による理解形式（Aristoteles, Metaphysica A. 980 a 21 ff.）を活用することから始める。個別的分野に含まれる諸事象の上位原因を視野に有する人が棟梁的な知を持つ智者であるとされるのに比して、全宇宙（universum）における限定なき神的なる最高原因を視野に有する人こそが端的に――あらゆる知恵の在り方に優って――知恵のある人に他ならない（S th I q. 1 a. 6 c; II-II q. 45 a. 1 c）。その上で神的存在を原理として考察する知恵の在り方に二つの学の存立が区別されるのであって、一方は神的なるもの（res divinae）を学（scientia）の成立の主題（genus subiectum）とすることなくただその原理・根源として考察する哲学的神学（theologia philosophica）としての知恵の様式と、他方では神的存在自体が学の直接的主題となって成立する聖書神学（theologia sacrae Scripturae）としての神的知恵（= sacra doctrina）とに分かたれるのである（In de Trin q. 5 a. 4 c; S th I q. 1 a. 6 c）。後者の意味での神（学）的知恵は、「……単に神それ自身にしか知られない事柄、及び他に対しては啓示によってのみ伝達されるところの事柄」（S th I q. 1 a. 6 c）を巡る知性の在り方ということになるが、この啓示神学的な智恵の実現様式においては知性の内在的規定化へと解消され得ない内実との関わりが決定的となる。智恵は端的に、「高次の原因・根源なるものへの超出、そしてそこからの統率において、その下に包摂される事柄を判断し秩序づける」（In Met prooemium; cf. In I Met lect. 2 n. 36 et 43; In IV Eth lect. 6 n. 1184; In de Trin q. 2 a. 2 ad 1;

cf. S th I-II q. 66 a. 5 c. et ad 1; q. 57 a. 2 c; II-II q. 45 a. 1 c.）知の活性態として特徴づけられる。
但しトマスは（学問論的文脈を離れて）更に、智恵のこの「判断し秩序づける」知の境位の実現に基本的にさらに二つの様式を峻別している——即ち、（i）精神的主体の状態性（dispositio）もしくは習性・徳による態勢づけを通しての実現（= per modum inclinationis）と、（ii）研鑽によって獲得される限りでの認識の様式（= per modum cognitionis）と、である（S th I q. 1 a. 6 ad 3）。別の主要テキストでは、前者はそれに基づいてまたそれについて判断がなされるべきである（神的）事柄に対する共本性性（connaturalitas）乃至は共感（compassio）によるものと述べられ、後者は（論理的能力の推論過程を媒介とした）理性の完全な使用（perfectus usus rationis）と特徴づけられて、共に判断の正しさを形づくる要件とされている（S th II-II q. 45 a. 2 c; cf. In X Eth lect. 10 n. 2083）。けれどもトマスが、（神的知恵として実現可能な限りでの）前者を「聖霊の知的賜物（donum）」として神的誘発（instincus divinus）による恩寵論的な人間の完成に関連づけるのに対して、後者は——それが啓示に基づくところの基本命題（信仰箇条）に依拠する場合でも——知性を完全性へともたらす知的徳であるところの神（学）的知恵と位置づけていることに変わりはない（S th I-II q. 68 a. 1 ad 4; II-II q. 45 a. 1 ad 2）。つまり、徳論的観点と賜物論的観点は（究極目的へ向けての知性的本性の完成という哲学的かつ神学的人間論のダイナミックな契機として）区別されるべきであるものの（S th I-II q. 68 a. 1 c. et a. 2 c.）、両者が（知恵として結晶化する知性の営みにとっての神的内実に関して）異なった二つの領域を画定してしまうわけではない。他方ではまた、賜物としての神的知恵の発現は神的事柄への共感・親和性においてより優れているものの（S th II-II q. 45 a. 3 ad 1）、それによって知的徳の在り方をもつ哲学的知恵の形式が排除されてしまうのでもない。両者は共に、人間の精神を――前者は神的誘発に基づく無尽蔵な源泉を視点とし（cf. S th I-II q. 68 a. 2 ad 2 et ad 3）、後者は知性に内在的な質の規定として――神への開示性において真の完成にもたらす習性的な知的契機なのである。

このように理解された神的知恵は、この世における生の遂行の内では、我々に注入された信仰を通して究極の真理それ自体を目的としつつその真理性に内属する在り方として可能である、とも言われる（In de Trin q. 2 a. 2 c）。しかしながら萌芽状態にある神的知恵（In de Trin q. 5 a. 1 c; CG III 63 n. 2383; S th II-II q. 180 a. 4 c.）は、世界内の活動的生（vita activa）の倫理的－知的習性の態勢づけ（dispositiones habituales）を言わば防備として発育する（S th II-II q. 180 a. 2 c; q. 182 a. 1 ad 2; I-II q. 68 a. 7 c; q. 69 a. 3 c; cf. Ver q. 11 a. 4 ad 2 et ad 4; S th II-II q. 180 a. 3 c）ところの観想的生（vita contemplativa）において、人間をその理性的－知性的本性において充実せしめ完成にもたらすものなのである（S th II-II q. 182 a. 1 c; I-II q. 68 a. 5 ad 3; In de div nom c. 7 lect. 3 n. 716; cf. Vir q. un. a. 7 ad 4; In IV Sent d. 49 q. 3 a. 5 ad 3）。

トマスにとって観想的生における知性の自己実現は、一方でアリストテレス的な最高のテオリアが人間の有限的精神における神的契機（＝能動的遂行原理たるヌース、自然本性的な知的光）の純粋な活動態として捉えられていることに形式的に全く一致する。けれども他方、幾つかのテキストをより詳細に検討すると（In III Sent d. 35 q. 1 a. 2 c; ibid. ql. 1 c et ql. 3 c; In IV Sent d. 49 q. 3 a. 5 ql. 3 ad 1; S th II-II q. 180 a. 1 c; Ver q. 14 a. 4 c）、知性が観想的生の営みを通して自らの本来的な対象領域との統一された充実を見出し得るのは情意的な誘因によることが強調されている。この情動的－意思的な要素が知性の最高の活動態を可能にする生の様式（即ち、観想）の内的推進力であることによって、トマスはアリストテレスのテオリア概念を超え出ることになる（S th II-II q. 180 a. 7 ad 1; cf. S th I q. 64 a. 1 c; II-II q. 180 a. 1 c et a. 3 c）。実際にトマスは、上記の或るテキストにおいて（In III Sent d. 35 q. 1 a. 2 ql. 1 c）観想的生の在り方の内に二つの実現形態を区別し、それが二通りの情動・愛による認識の活性化（affectatio）の相違による、としている。一つは、自己愛（amor sui）に基づいて認識者自身の完全性に終極するもので、これは古代の哲学者達が理想とした観想的生に他ならない。もう一つは、脱自的な愛（amor obiecti）に発し、自らを超えて目指され願望されたものへの愛における直視に終極するのであって、それは聖人（sancti）の生において見出されるキリスト教的観想なのである。

以上、西欧ラテン中世のスコラ哲学の最盛期に開花したトマス・アクィナスの思考の殿堂からの智恵理解について僅かばかりでも開陳してみたが、本書の企図に即して何等か貢献するものであることを願いたい。

エピローグ

思うに、かつて生はもっと真実で／世界がもっと秩序づけられており、諸々の精神はもっと澄んでいて／知恵と学問とはまだ分裂していなかった。／…〔中略〕…。ああ、われわれはトマス・アクィナスの／快く節度のある大全（Summa）の殿堂の中へ入っていく度ごとに／熟した甘い真理の世界／混じり気なく澄んだ真理の世界が遠くからわれわれに呼びかけるように思われた。／そこではすべてが明るく、自然は精神によって隈なく支配され／神から神へと向けて人間は形づくられ／法則と秩序が整然と公示され／すべてが損なわれることなく全体に向かって調和的に仕上げられているように思われた。／それに反し、われわれ後世の人間は／闘争を余儀なくされ、荒涼とした土地を渡り行き／疑いと辛辣な皮肉をことととするように、呪縛されている。／衝動と憧れの他は、何も授与されていないように思われる。／だが、われわれの子孫もいつかは、われわれと同じ経験をするかもしれない。／彼らにはわれわれが神々しく思われ／われわれを至福な者で賢者と見るだろう。／…［中略］…。なぜなら、われわれの中にも永遠な精神からの精神が生きており／その精神はあらゆる時代の諸精神を兄弟と呼ぶのだから。／今日を越えて生き延びるのは、その精神であって、君やぼくなのではない。（Aus : Das Glasperlenspiel. Versuch einer Lebensbeschreibung des Magister Ludi Josef Knecht samt Knechts hintergelassenen Schriften, herausgegeben von Hermann Hesse, 1943《ガラス玉演戯名人 ヨーゼフ・クネヒトの生徒・学生時代の詩集より『「対異教徒大全 Summa contra Gentiles」を読んだ後に』》）

二十世紀の第二次世界大戦前後をはさんでドイツ・シュヴァーベン地方の詩人・作家であったヘルマン・ヘッセ（Hermann Hesse, 1877–1962）は、ノーベル文学賞受賞に輝いた最後の大作『ガラス玉演戯』（Das Glasperlenspiel）の結びの部分に補遺として、主人公ヨーゼフ・クネヒトの生徒・学生時代の遺稿詩集と詩的物語としての三つの履歴書を収録している。上掲に記したのは、この遺稿詩集の内の一つの詩からの引用である。〈ガラス玉演戯〉とは、その可能性を尽くした精神の秘奥からの世界に展開する総合的な普遍芸術（ars universalis）、人類の精神史における智恵探究の無尽蔵の諸々の表現形式、と言えるだろう。ヘッセは、この新しい教養小説の序章に「ガラス玉演戯　その歴史への平易な手引きの試み」と題する部分を置いて、ガラス玉演戯の理念への見通しを与えている。その一節を参照しておこう。

ガラス玉演戯の始まりと前史をどこまでさかのぼらせるかは、結局、全く歴史家の任意である。なぜなら、およそ偉大な理念がそうであるように、それは本来、初めというものを持たないのであって、理念に従えば常に存在していたのだからである。われわれはガラス玉演戯が、理念として、予感として、理想の姿として、すでに昔の時代に幾度も早くも形成されていたのを見出すのである。…［中略］…。学芸総合の理想目標をめざす精神運動、プラトンのアカデメイア、精神的精華の交わり、精密な学問ともっと自由な学問とを接近させようとする試み、学問と芸術、あるいは学問と宗教を融和させようとする試み、それらすべての根底には、われわれにとってはガラス玉演戯という形をとったのと同じ永遠の理念が存していた。(a.a.O., S. 7-8)

この物語の中で、長い修行と試練を経て理想郷カスターリエンの教育省で最高のガラス玉演戯名人となった主人公ヨーゼフ・クネヒトを、少年時代からの友人でかつてこの教育省から去り世俗の垢にまみれ疲れきったデシニョリが訪ねてくる一場面がある。演戯名人は、夜空の冷たい空気が流れ込む窓辺に客人を導き、次の言葉を語りかける。

ごらん、空が帯の形になっている雲のながめを！　初めて見たときには、一番暗い所が深い個所だと思いがちだが、すぐに暗くぼやけているのは雲にすぎず、深い個所のある空間は、この雲の山の端と峡谷で始まり、無限の中に沈み、そこに星が輝いていることを悟る。それは、われわれ人間にとって明敏さと秩序の最高の象徴だ。世界とその神秘の深さは、雲の黒づんでいるところにはない。深さは澄んだ明るさの中にある。

(a.a.O., S. 345)

あらゆる深淵のふちに立って目覚めている明朗さ――その後然るにクネヒトは、友人デシニョリの依頼を受けて、その年若い息子であるティト少年の家庭教師の役割を引き受けることになり、カスターリエンの教育省での務めから休暇を願い出て、演戯名人の座も降りることになる。友人が身を置いてきた俗世の中で、その息子の精神的教育に新しい奉仕の活路を見出したクネヒト（クネヒトの名前はドイツ語で〈しもべ〉の意）であったが、この若い生徒の提案で或る日に大自然の中を二人で大規模な散歩に出かけることになる。そして少年の無邪気で屈託ない誘いで、小さな湖に先に飛び込んで泳ぎ始めた愛する生徒の後を追うクネヒトは、切りつけるような湖水の冷気の底へと呑み込まれてしまう結末を迎えるのである。
この呆気ない放下の死の内に込められた演戯名人クネヒトの境涯をヘッセの詩精神は、クネヒトの遺稿詩集の中の一つに収録した「シャボン玉」と題する小さな詩の中に描出しているように思われる。この詩の内的味わいをもって結びとしたい。

長い長い年月の研究と思想の中から
遅くなって一老人が晩年の著作を
蒸溜させる。その縺れたつるの中に
彼は戯れつつ甘い知恵を紡ぎ込んだ。

あふれる情熱に駆られて、一人の熱心な学生が
功名心に燃えて、図書館や文庫を
しきりにあさりまわって、
天才的な深さのこもった青春の著作を編んだ。

ひとりの少年が腰かけて、わらの中に吹き込む。

彼は色美しいシャボンの泡に息を満たす。
泡の一つ一つがきらびやかに賛美歌にように讃える。
少年は心のありたけを込めて吹く。

老人も少年も学生も三人とも、
現世の幻の泡の中から
不思議な夢を作る。それ自体は無価値だが、
その中で永遠の光が微笑みつつ、
自らを知り、ひとしお楽し気に燃え立つ。

人工知能から人工知恵へ

タッド・ゴンサルベス

カトリック教会はすべての時代において、典礼・霊性や教会の運営のためにその時に利用可能な科学技術をうまく利用してきました。キリスト教信徒もまた、日常生活において、科学技術を神の創造の業の一部として利用してきました。しかし、科学技術の進歩につれて地球環境が破壊されていることに私たちが気づくまでには、非常に長い時間がかかりました。教皇フランシスコの『ラウダート・シ』という回勅は、エコロジーや環境問題についての私たちの意識を呼び覚ましました。

科学技術は急速に変化しています。最近では、私たちの日常の電子機器に組み込まれたスマートソフトウェアプログラムが、自然言語を理解し、翻訳を行い、インターネットで関連情報を検索し、地図を表示して道案内をし、画像認識などの高度な処理を簡単に行っています。これらのプログラムは、人間の知性を模倣し、知的な方法で私たちの問題を解決しようとする、いわゆる人工知能（Artificial Intelligence AI）と呼ばれるプログラムです。ＡＩプログラムは、すべての個人的な問題や社会問題を解決し、地球での暮らしを楽園にする可能性を秘めています。

ＡＩ技術は日々より賢くなっています。私たちはいつかＡＩに追い越されるでしょうか。私たちのほとんどは、「ＡＩは人間によって生み出されたため、人間より賢くなることはあり得ない」と思い込み、最近のＡＩの激しい進歩に無関心なのではないでしょうか。しかし、今の議論は、「将来のＡＩが人間より賢くなるかどうか」ではありません。むしろ懸念しなければならないのは、何の規制もなくＡＩ技術が発展することは人類にとって安全なのかということです。将来、ＡＩ技術によってもたらされた結果は、必ずしも人類のためになるとは限りません。学習能力を持ち創造性を可能にした将来のＡＩが誤った方向にいってしまい、人間の手に負えない悪質なモンスターになった場合、人類の運命はどうなるのでしょうか。

ＡＩは私たちの時代のバベルの塔です。ＡＩはとても良いものに見えるので、それによって将来の人間社会にもたらされる危険性を完全に理解することはできません。現代キリスト信徒は、教皇の次の回勅を待つよりもむしろその脅迫的な挑戦に立ち向かうよう目覚めなければなりません。私たちは津波を防ぐために壁を作るのと同じように、ＡＩの急速な発展を止めるべきなのでしょうか。それともＡＩ自身が間違った方向に行くことを避けるため、「人工知能」を何らかの「人工知恵」に導いていく努力をすべきでしょうか。私たちはこれらの答えをキリスト教の信仰と教えの中から探さなければなりません。

一　科学技術に対するキリスト教のレスポンス

テクノロジーは非常に便利ではありますが、ときにそれは悪としてとらえられることがあります。なぜならばそれは人間の手で作られた魂のない被造物だからです。昔ながらの敬虔な信徒は、テクノロジーは自然な流れに逆らう側面を持つがゆえに、テクノロジーを避けたり、意識的に無視したりすることさえあるのです。しかし教会はその初期の頃からテクノロジーに対して非常に前向きな姿勢を示してきました。使徒言行録に記されているように、初代教会は「財産や持ち物すべてを使徒たちの足元においていた」（使4・35）のです。もし初代教会が二一世紀に存在していたならば、車、コンピュータ、スマートフォンなどのテクノロジーを皆で共有し、それらを福音宣教するために活用していたに違いありません。聖パウロが職としていたテント造りのために当時の最も効率的な道具を使っていたのと同じように、福音宣教に旅立つときは当時最先端の船を使っていたのではないでしょうか。

陸と海を広く旅した中世のカトリック宣教師が科学技術を駆使して、宣教と教育活動に科学技術を多用していた記録は少なくありません。実際、イエズス会宣教師の福音宣教のアプローチはテクノロジーを通してでした。たとえば、東アジアの宣教地へ彼らは、一六世紀末から一八世紀にかけて、ヨーロッパの天文学と印刷技術といった先進的な科学技術を伝えました。また、南アメリカでは、農作物の栽培のために灌漑システムを整え、薬用植物を栽培するために科学技術を利用したことは大変印象的です。教会が、インカルチュレーション、すなわち宣教地の言語と文化を学ぶことと共に、「科学技術化」すなわち、福音を広めるために科学技術を駆使することは、いつの時代にも行ってきた重要な仕事と言えるでしょう。現代の教会もソーシャルネットワークやインターネットという技術をフルに使用して、福音宣教を続けているのです。

二　バベルの塔から学んだ教訓

「さあ、空に届く塔で私たち自身のために素晴らしい街を建設しましょう。これは私たちを有名にし、私たちが世界中に散らばるのを防ぎます」（創11・4）。この創世記の中のバベルの塔についての記述は聖書の中で、最も古い時代の科学技術に言及しているものと言えるでしょう。古代世界におけるバベルの塔の建設は、ピラミッドの建設に似ています。それらの偉大なモニュメントの建設のためには、当時利用可能だった最先端の技術が必要とされたからです。しかしイスラエルの人々はなぜそのような大きな建物を造ろうとしたのでしょうか。貯水槽、防衛のためのとりで、天体の観察、あるいは当時の支配者の政治力を象徴するためだったでしょうか。しかし、建築の動機は不明で、建築を正当化する実際的な理由はなく、作った人がただ有名になるために塔を建てたに過ぎないのです。人間の野心と傲慢さは、「世界で最も高い塔」を建設するという工学プロジェクトにおいて最大限に発揮されました。それは神のみ旨や人類の救済を無視して立てられた計画でした。そこには識別のプロセスはまったくなかったのです。塔の建設が地球の環境に及ぼす影響についてはまったく考慮されていませんでした。

バベルの塔の建設は、先端技術が、その善悪がまったく考慮されずに使われた典型的な例です。そしてその誤った技術利用の結果は悲惨なものとなりました。それは現代では原子力がもたらした災害とまったく同じです。人間の命や、植物、動物に危害を加えるものだからです。その害は甚大な環境破壊につながり、取り返しのつかないものなのです。

多くの科学技術は環境への影響を考慮することなく進歩してきました。バベルの塔の話から私たちが学ぶべき教訓は、人間社会や環境への影響を十分に考慮せず人工物を作ることがいかに危険かということであり、私たちはキリスト教信徒として、これまでも技術を賢明に利用しようとしてきたかもしれません。しかし科学技術の神の創造の業である環境への悪影響への配慮は十分ではないと言えるでしょう。

教皇フランシスコの環境に関する回勅『ラウダート・シ』によって私たちは眠りから起こされました。次に発表される回勅は、現在急速に発展しているＡＩへの警鐘を鳴らすものなのではないでしょうか。しかし、次の回勅を待つ前に、私たち自身でこの問題に立ち向かうことにしましょう。ここでは、ＡＩの倫理的な発展に向けて私たちが取り得る基本的なステップのいくつかについて説明します。

三　ＡＩの発展

人工知能（Artificial Intelligence AI）という言葉は、一九五六年に米国のニューハンプシャー州にあるダートマスで開催された会議でジョン・マッカーシー氏によって提案されました。そこで彼は、ＡＩを「知的な機械、特に知的なコンピュータプログラムを作る科学技術」と定義しました。言い換えれば、ＡＩは「人間のように考え、人間のように振る舞う機械を構築する科学技術」ということです。

人間の知能の中で最も重要な特徴はその「創造性」と「言語」です。人間は、考えて行動する能力を持っています。人間は計画を立てて物事を実行し、何らかの問題にぶつかったときはその解決策を考える能力を持っています。また人間は言語を使って自分の考えを述べ、相手の考えを理解する、すなわちほかの人とコミュニケーションをとることができます。人は役に立つ道具を作り、専門領域においてはさまざまな複雑な問題を解決する能力をもっています。さらに人間は、「愛」という素晴らしい感情を持つこともできれば、同じ心に「憎しみ」という感情も抱くこともあります。

AI、すなわち人工知能の研究が始まったのは、人間に自然に備わっている「自然知能」の性質や働きがまだ充分に解明されていなかった二〇世紀の半ば頃でした。しかしその数年後にはすでに、数学定理を証明できるAIプログラムや、人間相手にボードゲームをやるAIプログラムが盛んに注目を集めていました。特に、エキスパートシステムと呼ばれるAIプログラムは人々の驚愕の的となりました。これは専門家、すなわち「エキスパート」の持つ知識を獲得し、集めた知識を体系化し、ソフトウェアプログラムとしてコーディングするもので、ユーザーはこのシステムにアクセスし、アドバイスを求めることが可能でした。特に医療関係ではこのようなエキスパートシステムが盛んに使われ、患者がシステムに症状を訴えるとシステムが診断を行い処方までできたという驚くべき記録もあります。

しかしながら、ＡＩが当時の企業や研究者の関心事のすべての課題を期待通りに解決したわけではありません。アメリカは、冷戦の時代に、機械翻訳研究分野に膨大な努力と資金を注ぎましたが、期待通りの成果を得ることはなく、試みは失敗に終わりました。このことでＡＩ研究者は、世間の批判を浴びることになり、ＡＩの評判は瞬く間に落ちてしまいました。同時代に機械学習研究も始まっていましたが、その初期時代に単純な問題しか解決できなかったため、厳しく批判され、研究資金は大幅に削減されました。その結果、多くの研究者が機械学習をあきらめてしまいました。

このようにして生まれたばかりのＡＩの研究は冬の時代に突入し、欧米においてＡＩの冬状態は数十年間続きました。しかし一九九七年、ＩＢＭの「ディープブルー」というスーパーコンピュータが、当時のチェス世界チャンピオンのゲリー・カスパロフを破るという歴史的な出来事が起こり、ＡＩの長い冬の時代が終わりを迎えます。チェスをするＡＩは初期時代から盛んに研究されていましたが、当時のＡＩチェスプログラムはとても未熟で、チェス専門家に軽んじられ、対抗するに値しないと考えられていました。チェスをプレイするのに必要とされる人間の自然知能は非常に高いと評価されていたので、人工的に設計された装置やコンピュータプログラムは決してその足元に及ばないだろうと考えられていたからです。ディープブルーがチェスでチャンピオンとの試合に挑む前までは、このことに疑問を持つ人はいませんでした。

ゲリー・カスパロフ自身も、ＡＩプログラムと対戦することは人間チャンピオンの尊厳を脅かすものと考えていました。しかし、彼はマシンに直面したとき、その「冷たい知能」に驚かされ、圧倒されたのです。プレイ中にミスを犯したときでさえ決してパニックに落ちない機械の「冷たい知能」は初体験だったとゲリー・カスパロフが言います。世界チェスチャンピオンと人類の期待を背負っていたゲリー・カスパロフが機械と真剣勝負に臨みましたが結局機械の繊細な知能と手ごわい力に屈服せざるを得なかったのです。

その後数年のうちに、ＡＩゲームプレイ技術は急速に発達し、二〇一一年「ワトソン」というスーパーコンピュータが米国の「ジェパディ！」というクイズ番組の世界チャンピオンを倒し、さらに二〇一六年には「アルファゴ」が、囲碁世界チャンピオンと対決し、彼を負かせました。これらは世界中に中継され、人々を驚愕させました。

「ディープブルー」については、勝利するため必要となる計算を効率的に行っていたシステムに過ぎないと考え、本当の知能を持つシステムだと評価しない専門家もいるかもしれません。しかし、「ジェパディ！」の世界チャンピオンを倒すほど英語の微妙なニュアンスまで理解する力を示した「ワトソン」の知能は否定できないでしょう。同様に、「アルファゴ」によって実証された非正統的なゲームのプレイスタイルは、囲碁のエキスパートの期待を超えた知性、創造性、直感を示したのです。同じ頃ＡＩは、自然言語処理やコンサルテーションシステムとしても驚くほどの進歩を遂げました。

では、なぜＡＩゲームプレイや、自然言語処理やコンサルテーションシステムが突然開花したのでしょうか。それには次の三つの主な理由が挙げられます。

巨大な情報処理能力

ＡＩの初期のコンピュータは計算能力が低すぎたため、ＡＩ分野における多くのアイデアが実現できませんでした。「コンピュータチップの処理算能力は一八か月ごとに倍増する」というモーアの法則によって、ＡＩの処理能力は急速な発展を遂げました。一九九〇年代後半にはすでに膨大なデータの処理が可能になり、それ以降もコンピュータの処理速度は継続的に増加しています。

ビッグデータ

ＡＩプログラムの訓練は膨大なデータ量が必要です。昔は、このデータ量は非常に限られていましたが、今ではテキスト、画像、音楽、ビデオなど、さまざまな形式によるデータがコンピュータ、サーバー、スマートフォン、日常電気製品によって自動的に生成されるため、膨大な量のデータの収集が容易になりました。

洗練された学習プログラム

人間の脳の中の個々の脳細胞（ニューロン）は小さな計算単位として働いています。数多くの脳細胞は、新しいタスクを学ぶときや問題を解決するとき、シナプスと呼ばれる結合構造を使って、脳内にネットワークを形成します。このような人間の脳の仕組みを模倣して人工ニューラルネットワークが設計されました。これはとても洗練された学習プログラムで、画像認識、自然言語処理、ゲームプレイングなどに応用され、ＡＩの驚異的な学習結果を生み出しています。

今はこれらすべての「知能」が、普通の名刺の半分ぐらいの大きさのコンピュータチップ（計算を行うコンピュータ内の部品でインテルのi3や、i7, i9など）の中に組み込まれています。チップは改良が続けられ常により高い性能のものが開発されてきましたが、多くの計算を全速力で行うチップは高温になってしまうという弱点があります。現在チップの処理能力は限界に近づきつつあります。これに代わるものとして、ナノテクノロジー（原子レベルのテクノロジー）や、ゲノムコンピューティング、量子コンピューティングのような、より高速な新しい形態が開発され、将来はこの形態で存続していくと考えられています。これらもゆるぎない進歩を続け、ＡＩのさらなる発展のための土台となることに間違いないでしょう。

計算技術が飛躍的に発展していく中で、専門家はＡＩの発展について次のような重要な段階を予測しています。

狭い人工知能

「狭いＡＩ」とは、非常に狭く限られた領域でのみ機能するＡＩのことです。ＡＩが想定していないタスクには適用できません。ディープブルー、ワトソン、そしてアルファゴは、それらが人間の世界のチャンピオンに勝利したという点で印象的であり、チェスやゲームという限られた領域での狭い人工知能の優れた例です。

汎用的人工知能

多面的で強力なＡＩは、汎用ＡＩとも呼ばれます。その能力は私たちの能力に劣ることはありません。シャレやジョークなどの自然言語を理解し、それらを適切な文脈のもとで解釈するために必要な十分な柔軟性を持っています。人間の言語という不正確であいまいなものを、常識と機知によって解釈する汎用ＡＩの能力は、人間の能力と区別がつかないと言えるでしょう。

スーパーAI

スーパーAIと呼ばれる、未来の人工知能の非常に進歩した形は、人類全体を合わせた知能より計り知れないほど高度なものになると予測されます。それは地球全体に分散され、さらに宇宙にまで広がるネットワーク上にあり、常に自分自身で発展し、自分自身を複製して広がっていくものとなります。最終的にそれは「至るところに存在する全知の存在」になるでしょう。

四　AIの急速な発展によってもたらされる危険性

第三章でみたように、AIテクノロジーは急速に進歩しています。ハードウェアの処理能力はますます早くなり、ソフトウェアプログラムの学習能力は日に日に向上し、ビッグデータも利用できるようになりました。知能的な機械学習の時代はまだ始まったばかりにもかかわらず、コンピュータビジョンや医療診断といった特殊な領域では、すでにAI機械学習プログラムが人間の専門家よりも優れた能力を発揮するようになっています。ほとんどのAI研究者が、AIシステムは最終的にはすべての領域で人間の能力を超えた性能を発揮すると予想しています。一部の研究者は、これが五〇年以内に起こりうると推測しているほどです。

ＡＩシステムの急速な進歩、ビックデータの可用性、さらにそれらが低コストで実現可能であるという事実は、私たちの生活をますます快適にしていくことになるでしょう。すでに多くの企業がＡＩプログラムを利用し顧客データを分析し処理することで顧客満足度が向上し、企業の業績も向上しています。病院ではＡＩが適切な診断を行い、癌のような致命的な病気の治療の新しい研究・開発にも役立っています。医療物流や介護といった分野でさえ、ますますＡＩやロボットが使われるようになっています。ＡＩはさらに、交通システムに革命を起こそうとしています。ＡＩによる自動運転によって、環境汚染、都市の駐車スペースの問題が解決し、人間の運転によって失われる数百万人の命が救われることでしょう。個人のレベルでは、機械翻訳、音声認識、スパムフィルタ、インターネット検索、アマゾンのAlexaやアップルのSiriのような声によるパーソナルアシスタントが個人的作業の負担を軽くし、より多くの余暇を楽しむ時間をもたらすことでしょう。私たちは間もなく多くのＡＩ機器に囲まれた快適な生活を送ることができるようになるでしょう。

しかし、もちろん良いことだけではありません。発展を続けるＡＩの問題点は、まずＡＩとロボットによってもたらされるオートメーション革命の結果、多くの失業者が出るという問題です。ただし、ここでは将来ＡＩやロボットがもたらす失業問題は扱わないようにします。ヨーロッパの産業革命の時にも同様の問題が起きたはずですが、実際には政府や経済学の専門家が解決策を考え実行しました。ＡＩとロボット工学の進歩により将来経済的問題が生じた場合も、当時と同じように何らかの解決策があるはずです。

ここで考えたいのは、ＡＩプログラムの力が人類の終焉の始まりを暗示する可能性についてです。これはホーキング博士など多くの専門家によって指摘されています。私たちは、科学技術が主に人間の繁栄と福祉のために開発され使用されていると考えがちですが、事実は違います。歴史は私たちにそうではない例を多く示しています。たとえば、コンピュータプログラムは、第二次世界大戦中、敵国の軍事機密情報を解読するために急速に発展しました。私たちが今平和的な道具として利用しているインターネットは、実は軍事情報を送信するために米国国防総省によって開発されたものなのです。軍事目的のＡＩ開発は、大きなビジネスチャンスでもあるため多くの企業にとって大変魅力的な分野となっています。

二〇一七年二月に、オックスフォード大学でＡＩの将来の安全性に関するワークショップが開催され、ＡＩの安全性、無人偵察機、サイバーセキュリティ、自律兵器システム、およびテロ対策に関する専門家が集まりました。このワークショップの報告書は、将来のＡＩの使用に関して、以下の三つのセキュリティ上の危険性を指摘しています。

デジタルセキュリティ上の危険性

コンピュータウイルスやハッカーは、パーソナルコンピュータや企業のサーバーやネットワークに侵入することによって大損害を及ぼしています。これらごく普通のプログラムでさえ年間数千万ドルの損失を与えるのですから、AI学習能力が含まれるウイルスやハッキングプログラムによって引き起こされるサイバー世界の混乱と喪失が、いかなる規模になるか想像もできません。悪意を持ったプログラムはステルスの下、つまり隠れたところで動作するので、ほとんどの場合誰にも気づかれずに稼働します。それは時には誠実で魅力的な人のふりをし、穏やかな説得力をもって、ユーザーの銀行口座、パスワード、クレジットカード番号などの個人情報を手に入れます。さらに、ユーザーのオンラインデータを覗き見してさまざまなことを学習していきます。こうした悪意を持ったAIは、AIに対して全面的な信頼を持っているユーザーを次々にだましていくことになります。

物理的なセキュリティ上の危険性

近年テロ活動は世界中に広がり、世界のどこでも起こりうる憂慮すべき事態になっています。そのため各国政府はテロ活動の予測と対策に力を尽くしています。もしテロリストが強力なAIシステムを手に入れたとしたら、私たちが想像もできないレベルの破壊力を持った道具になるに違いありません。自動照準、長距離狙撃銃など高度なスキルを有するＡＩによる自動化は、簡単で非常に安価な攻撃を可能にしてしまいます。洪水や地震のような自然災害の被害者に、必要な薬や食物を届けているドローンでさえも、悪意を持った人の手に渡れば、自動大量破壊兵器に変わることでしょう。さらに、そのような攻撃は、散発的で孤立したテロ攻撃としてではなく、世界中に配置されたネットワークデバイスによって監視され実行されます。こういったテロ活動をたとえうまく抑制できたとしても、ＡＩ主導の武器使用が合法化されたものであれば、人間の管理能力をはるかに超えるものとなり、想像もできないほどの甚大な被害をもたらすでしょう。

政治的なセキュリティ上の危険性

近年、政治機関も選挙対策、外交政策、また抗議行動の抑止等のためＡＩ技術やソーシャルメディアを利用するようになりました。こうした政治機関によるＡＩの利用が増え続けると、一般の国民への影響力はより大きくなり、政治はこれまでにない方法で人の政治的理念に影響を与えるようになるかもしれません。画像・音声処理が自動化されれば、大規模な情報収集、処理、またその利用が可能になりますが、それは国家の監視能力の拡大につながります。誰もが信じてしまうようなフェイクニュースがビデオやオーディオによって放送され、政治運動を都合よく進めることが可能になります。ＡＩシステムによって個人情報がオンラインで自動的に収集され、管理され、それが脅迫に使用されることさえ可能になるでしょう。これらの三つの分野は、将来のＡＩシステムが悪意のある方法で使用される無数の可能性を示す氷山の一角にすぎません。しかし私自身が大きく懸念していることは、ＡＩが悪の目的のために使用されることだけではなく、ＡＩ自体が大規模な破壊的傾向を学習的に獲得し、「悪い良心」を育成してしまう恐れです。私たちが子供を教育するのと同じように、ＡＩプログラムも教育し訓練させることができます。良い教育を受ける子供は良い大人に育ち、悪い教育を受ける子供は悪い大人に育ちます。同様に、良い学習プロセスを経たＡＩは慈悲深い力を持つようになり、悪い学習プロセスを経たＡＩプログラムは不吉なモンスターになるに違いありません。したがって、ＡＩが人間の手に負えないところまで行ってしまう前に、私たちが「良心を持つＡＩシステム」の開発に全力を尽くすべきではないかと思います。

技術自体を非道徳的なものであると考え、技術を不当に使用し人間社会に害を引き起こさないよう責任者の良心に訴えることは過去のことです。学習によって知識を獲得することができる将来のスマートＡＩシステムは、人間によって与えられた命令が倫理的に良いか悪いかを自分自身で判断することができるはずです。言い換えれば、ＡＩシステムがその中核に埋め込まれた「道徳的良心」を持つべきです。この道徳的良心に導かれて、人工知能も人工知恵に変わるはずです。

五　人工的な知識システム

ＡＩの研究から生まれたコンピュータシステムの一つにエキスパートシステムと呼ばれるプログラムがあります。これは専門家システムとも呼ばれることがあり、知識工学の分野で研究され、実用化されてきました。たとえば、患者が医療用エキスパートシステムに自分の症状を伝えた場合、エキスパートシステムは内部に持っている医学知識を使用してユーザーの病気を診断し、薬を処方します。私たちカトリック信者は、このような技術を使って、倫理的エキスパートシステムを構築することができるのではないでしょうか。これは、カトリックの倫理的な知識体系と教えをまとめた専門家と同じですから、倫理的なジレンマに直面したキリスト者に助言を与えるため役に立つでしょう。

エキスパートシステムとは何か

まず、少し専門的になりますが、エキスパートシステムを構築するための二つの段階についてみてみましょう。システムの構築には次のような段階があります。

第一段階：ドメイン領域の定義

すでに述べたように、現在成功しているディープブルー、アルファゴおよびワトソンは、狭い領域で活躍するエキスパートシステムの典型的な例です。それらは非常に高速で強力なスーパーコンピュータですが、それぞれが設計されている限られた分野でしか動作しません。チェスをプレイするディープブルーは、囲碁をプレイすることはできません。逆に、囲碁をプレイするアルファゴは、チェスをプレイすることはできません。ディープブルーのドメインはチェス、アルファゴのドメインは囲碁、ワトソンのドメインはテレビクイズ番組と決められていて、それぞれのシステムはドメイン固有のものだからです。ドメインは、明確に定義・限定された専門分野であり、その分野限定の知識とデータで閉じた世界を形成しています。エキスパートシステムの構築の際は、このドメインをはっきりと定義することが重要です。

第二段階：知識を整理する

どのドメインにも、そのドメイン内の問題を解決するために専門家が必要とする知識があります。たとえば、医学の分野では、医師は患者の病気を診断し、処方するために医学的知識を必要としますし、経済学の分野では、経済学者は経済問題を解決するためにさまざまな経済関係の知識を使います。法律の分野では、弁護士は法律の問題を解決するために彼らが持っている法律の知識を使用します。こういった知識は通常専門家、すなわちエキスパートの頭の中に存在しているもので、本、論文、オーディオビジュアルの媒体等の形で表現されます。

エキスパートシステムが必要とするのはこういった専門家が持っているような知識です。しかし人間の専門家の使う言語と違って、コンピュータプログラムは、曖昧ではないので、集められた知識が曖昧な場合、それはフィルタリングされ、プログラム作成用に編集され、体系化されます。

倫理的エキスパートシステム

それでは、どのようにして私たちのエキスパートシステムを構築すればよいのでしょうか。まず、第一段階、「ドメイン」すなわち分野は「カトリックの倫理」と限定して定義することができます。その場合、祈り、典礼、霊性などはこのドメインの中に含まれません。さらにほかの宗教や哲学による倫理の定義も別のドメインになります。

第二段階の「知識」は、聖書、教会の倫理的な教え、司祭の説教、キリスト教の書物等から得ることができます。その中で最も根本的な倫理の教えが十戒であることは疑う余地ありません。十戒は、シナイ山上で、神から直接モーセに与えられた聖なるものです。それは、他の数百の掟の中の最も重要な十の命令としてではなく、ユダヤ教の全体の律法「トーラー」のダイジェストとして与えられています。「第一の石板」と呼ばれる最初の四つの教えは、人の神への義務を表しています。「第二の石板」に記されている最後の六つの教えは、私たち自身と互いに対する義務を述べています。

わたしはあなたの主なる神である。
一、わたしのほかに神があってはならない。
二、あなたの神、主の名をみだりに唱えてはならない。
三、主の日を心にとどめ、これを聖とせよ。
四、あなたの父母を敬え。
五、殺してはならない。
六、姦淫してはならない。
七、盗んではならない。
八、隣人に関して偽証してはならない。
九、隣人の妻を欲してはならない。

十、隣人の財産を欲してはならない。

（申5・6―21）

主イエスは、新約の教えとして、十戒の本質的なものを次のように取り出しました。「『心を尽くし、たましいを尽くし、思いを尽くして、あなたの神である主を愛しなさい』。これが第一で、最も重要な戒めです。第二も同じように重要で、『自分を愛するように、あなたの隣人を愛しなさい』という戒めです。ほかのすべての戒めと預言者たちの命令も、この二つから出ています。ですから、この二つを守れば、ほかの戒めを全部守ったことになるのです。これを守りなさい」（マタ22・37―40）。

神への愛と隣人への愛、これら二つの原則は、キリスト教徒の行動の中心的な原動力となり、キリスト教信徒としてあらゆる生き方、人生のあらゆる状況においてのあらゆる決断と行動を網羅しています。キリスト教徒の行動は、これらの二つの原則のいずれかを遵守すれば善、違反すれば悪、とはっきりと区別することができるのです。

十戒自体は理論的な原則ではなく、具体的な指令で、道徳的に良い行動と道徳的に悪い行動とを明確に区別します。十戒は以下のような具体的なデータセットに分類し、戸惑っているときキリスト者に道徳的に助言を与えることができる「倫理的ＡＩエキスパートシステム」の構築が可能になります。この知識を整理すると以下のような事実（FACT）と規則（RULE）にまとめることができます。

事実（FACT）

①神に対する良い行動
　神を礼拝すること（D1）

②隣人に対する良い行動
　父母を敬うこと（D4）

③神に対する悪い行動
　他の神々を崇拝する（D1）
　主の名をみだりに唱えること（D2）
　主の日を聖別しないこと（D3）

④隣人に対する悪い行動

殺人（D5）
姦淫（D6）
盗難（D7）
偽証言（D8）
隣人の妻に目をとめること（D9）
隣人の物に目をとめること（D10）

規則（RULE）

RULE1: IF ACTION (X) IS AGAINST GOD THEN ACTION (X) IS BAD.
RULE2: IF ACTION (X) IS AGAINST NEIGHBOR THEN ACTION (X) IS BAD.
RULE3: IF ACTION (X) IS FOR GOD THEN ACTION (X) IS GOOD.
RULE4: IF ACTION (X) IS FOR NEIGHBOR THEN ACTION (X) IS GOOD.

ユーザーは次のようにエキスパートシステムと対話します。エキスパートシステムがユーザーの質問を受け、それに答えます。エキスパートシステムは、質問の形でユーザーから提供されたデータを取り出し、そのデータと内部の知識と関連づけることによってユーザーの質問に答えます。同様に、カトリック信徒は、ある行動が道徳的に正しいか間違っているかについて道徳的なエキスパートシステムに尋ねるとき、エキスパートシステムはその内部の知識ベース（事実と規則）に基づいて答えます。

六　学習と人工知恵の発展

私たちは、道徳的な知恵を生まれながら持っているわけではありません。また、祈りや典礼や秘跡や、日曜ごとのミサの参加などを通して私たちに与えられるわけでもありません。道徳的な知恵は生涯にわたる学習と教育のプロセスを通して育成されるものだからです。私たちは、通常若いカトリック教徒を道徳的に訓練する際、以下の三つの方法を用います。

強化学習

行動の選択で報酬を得ることによって学ぶ学習方法を「強化学習」と呼びます。強化学習は、たとえばショーに出すためにイルカに技を教えたり、犬にお座りなどのしつけをしたりする時などによく使われる方法です。強化学習では、動物がうまく行動するとご褒美を与え、間違いを犯すと罰を与えます。動物は報酬を得ることによって自分の満足度を最大化すること同時に、間違いを避けることによって罰を最小化する方法を本能的に学んでいきます。強化学習が長く続けられると、動物は報酬を最大化する行為を習慣的に行うようになります。それはいわば、脳の中にプログラムとしてインプットされます。

「良い行いは報われ、悪い行いは罰せられる」。これは、子供を倫理的に育てるのに最も効果的な強化学習法の一つです。子供の「良い行いは常に報われ、悪い行いは常に罰せられる」という繰り返しにより子供の倫理的な決断力は強化されます。そして子供がたとえ倫理的原則を理解するのに十分に成熟していなくても、本能的に良い行い、悪い行為を避けることを学んでいくのです。

強化学習は、ＡＩ機械学習分野では最もよく使われている手法です。ＡＩプログラムでは、新しいタスクを学習するとき、まずそのタスクをランダムに実行することから始めます。良い行動、すなわち事前に設定された目標に近づく行動にはプラスの得点が与えられ、悪い行動、すなわち目標から遠ざかる行動にはマイナスの得点が与えられます。このような試行錯誤を繰り返しながら、タスクを行うプログラムでは、目標に近づける一連のアクションが報われる一方で、反対のアクションはマイナスのスコアでペナルティが科されることを学習します。このような強化学習の最終結果は、プログラムが最大のスコアを獲得することです。

教師あり学習

子供に倫理的な教育をする場合、両親、教育者、日曜学校のカテキスタや司祭は、まず子供たちに倫理の基礎を教えます。たとえば、「盗むことは悪い行い」、「嘘をつくことは悪い行い」、「他人を助けることは良い行い」といった具体的な行動規範は教師らによって教えられます。カトリック教育者は、主に十戒に基づいて人間の行動を倫理的に「良い」か「悪い」かを明確に分類します。このような教育では、教師が常に正しい答えを提供することによって学習者を導くことから「教師あり学習」と名付けられています。

教師あり学習において大切なのは「分類」です。なぜなら、倫理的な問いに対する答えは通常「良い」と「悪い」にはっきり分類されるからです。また教師あり学習は常に具体的な例を通して実施されます。子供たちは具体的な例から学んでいるとき、無意識のうちに良い行動と悪い行動のそれぞれの特徴や性質を抽出していきます。たとえば、「自分にしてもらいたいことを他人にやってあげる」ことは、人間の良い行動に伴う共通点ですが、これは子供たちが自分で気づく内容なのではないでしょうか。子供たちが教師によって提示された良い行動と悪い行動のリストを何度も繰り返して暗記するとき、こういった原理原則が抽出されていき、彼らの心の中にくっきりと記録されます。こうした記録は、後に内面化された倫理的な特徴量（特徴を定量化されたもの）や原理原則となり、新しく出会う行動を倫理的に

「良い」か「悪い」かのどちらかに区別するための基準として使います。

教師なし学習

しかし人間社会は非常に複雑で、以上に述べた「強化学習」と「教師あり学習」の二つを合わせても、あらゆる状況での決断や行動を網羅することはできません。教師がすべての状況における行動の善悪を判断するリストを提供することは不可能であるからです。リストにない行動を「良い行為」と「悪い行為」に分類することはできません。このような場合「教師なし学習」という学習方法が使われます。教師なし学習では、学習者に、状況、意思決定および行動が含まれるデータセットが学習の材料として与えられます。与えられるデータセットは、ある意思決定や行為が行われた状況が含まれている実例です。子供たちは、これらの実例を見ながら、その共通点を探していきます。これはすなわち、データから抽出された「特徴量」となります。

学習者は、これら多くの特徴量を手掛かりにして、ある行為を「教師あり学習」で学んだ「良い行為」と「悪い行為」の二つのクラスのどちらかに分類しようとします。しかしそのような分類の過程で、現在のデータセットにあるすべての状況を処理するのに十分ではないことがわかるのかもしれません。そういった場合、現在のデータセットにあるすべての決定・行動を分類するために、「道徳的に中立」や「怠り」などのクラスがさらに追加されることもあります。

教師なし学習においても、実は教師は大きな役割を果たしています。教会の教育は大人になっても続くものですが、人は特徴量を大人になっても学び続け、それらは多くの行為についての倫理的決断を可能にする手助けとなるのです。

機械学習による倫理エキスパートシステムのアップデート

理論的に言えば、あるドメインの知識を構成するすべての事実と規則さえわかっていれば、そのドメイン内のほとんどの問題は解決できます。ただし、実際には、ドメイン内のすべての事実と規則は非常に多く、複雑多岐にわたるため、それらをすべて把握することは不可能です。ドメインデータの中には、まだ発見されていない事実と規則も多く存在するのです。こういった隠された事実や規則はソフトウェアプログラムによって、抽出することができます。これを機械学習と呼びます。前に述べた「教師あり学習」「教師なし学習」も「機械学習」においても行われています。最近のニュースでは、「機械学習」や「ディープラーニング」という言葉をよく耳にしますが、これらは、膨大な量のデータを処理し、データ内のパターンとして存在する事実と規則を発見するＡＩプログラムのことを指しています。

機械学習は、膨大なドメインデータから発見された事実と規則を既存のエキスパートシステムに追加していくものです。したがって、既存のエキスパートシステムがアップデートされ、より複雑で困難な問題を解決できるようになります。

ビッグデータという言葉も最近よく耳にします。これは専門的には、一般的なソフトウェアで扱うことができないほど巨大なデータの集合を意味します。過去二千年の間に発展してきた倫理に関するカトリック教会の文献は、「倫理のビッグデータ」であると考えることができるでしょう。カトリック教会の文献の中には倫理的事実および規則、つまり倫理的な知識の具体例もありますが、倫理的善悪が明確に書かれていない行動や状況もあります。後者は生のデータとして扱われ、そこから倫理的善悪を推測する、すなわちディープラーニングによって処理することができます。

これらを上記の倫理的エキスパートシステムに追加すると、その知識ベースが更新され、その結果、複雑な道徳的な決断を下す力が高まります。たとえば、カトリック信者が、特殊な状況や倫理、医学における極めて困難な状況に直面した場合、倫理エキスパートシステムが意思決定をサポートしてくれるでしょう。

しかし、たとえドメイン内に存在しているすべての可能な事実や規則を知ってたとしても、そのドメイン内のエキスパートシステムがいかなる問題でも自動的に解決できるとは限りません。ドメイン内のすべての知識を把握したとしても、実はその使い方を知らなければ、まったく役に立たないからなのです。こういった問題を解決するための知識を「メタ知識」と呼びます。このメタ知識こそが「知恵」と呼ばれるものなのです。たとえば、専門分野について幅広い知識を持った著名な医師がいます。彼は長年の献身的な実践を通して、病気を診断する上での経験と直感を蓄積しました。この経験と直感が、困難な病気を診断するための医学の知識を使うに必要な「メタ知識」なのです。こういった経験と直感のメタ知識は「知恵」と言うにほかなりません。

それではＡＩシステムは、「倫理的知恵」を学ぶことができるでしょうか。現在はまだ最高の学習機能を備えた最高のＡＩシステムでさえ、知識以上のものを習得することはできていません。つまりそれらは知恵を得ることはできないのです。しかしながら、経験と直感（知恵）をメタ知識の形で組み込んだエキスパートシステムの開発には多くの研究がなされています。機械はこれらのメタ知識をビックデータから学びますが、今は人間の専門家によるさらなる微調整が必要です。将来は今人間の専門家がやっている役割をＡＩが果たすこともできるでしょう。今でもたとえば画像認識において、人間の専門家よりも優れた性能を示すＡＩビジョン学習システムもあります。また、何千もの医学用画像データから学習した後に、個々の人間の医師よりも優れた診断をすることができるＡＩ診断システムもあります。

ＡＩ技術の急激な発展によって、将来のＡＩが倫理的知恵を持つようになることは、決して不可能ではないでしょう。

七　人間の道徳的良心とＡＩの道徳的良心

人間の道徳的良心

私たちが倫理的問題を扱うとき、しばしば「知恵」や「良心」という言葉を使います。これらは普通ほぼ同じ意味で使われるので、その違いを意識していない場合が多いのではないでしょうか。実際にはこの二つの言葉は二つの異なる概念を表しています。知恵と良心の本質的な違いは、それらが機能するレベルの違いにあるのです。知恵は合理的レベルで機能し、良心は感情的なレベルで機能します。私たちがある決断を下すとき、知恵の働きでその決断が倫理的に正しいか間違っているかを知っています。他方、その決断が正しいか間違っているかは、良心の働きで心の中で感じます。最終的な決断は、知恵と良心の両方の力を組み合わせて行われます。

カトリック教徒が倫理的に正しい決断を下す際には、必ず次の二つのレベルを通過する必要があります。

①道徳的状況の特徴を明らかにする（知識的レベル）

ある状況を分析する場合ＡＩではそれぞれの状況を「特徴」あるいは「特徴量」として定義します。たとえばおじいさんが子供に「お米を食べ残したら目が潰れるぞ」と言ったとします。その時の状況は、「子供がご飯を食べずにデザートを食べようとしている」「子供が食事中にゲームに熱中している」「子供に食べ物の大切さを教えたい」といったことで、それらーつひとつがおじいさんの「嘘をつくという行動」の「特徴」として捉えることができます。またそれによって「子供がおとなしくご飯を食べた」「子供は食べ物の大切さを理解した」といった「結果」も、「特徴」の一つとして定義されます。

こういったあらゆる決断が下される「状況」と、その決断・行動から生じる「結果」が行動の特徴量を形成するのです。どんな行動にも複数の特徴量があります。しかし多くの場合は、それらの特徴量が完全に理解されているわけではありません。時にはそれらの特徴量が矛盾していることもあります。道徳的に深い知識のある人は、与えられた状況を細かく把握することができます。深い思考と熟考に十分な時間を費やした後、その人は状況の道徳的特徴を要約することができます。人が道徳的問題についてより多くの知識を持っていれば持つほど、状況の分析はより良くなります。

②特定の「特徴」に対応する道徳的原理原則を当てはめる（知恵のレベル）

たとえば聖書に書かれているような道徳的な意思決定の原理原則があり、カトリックの道徳的な教えの本質がすべて習得されていたとしても、ある行動の、状況や結果に、それらの原理原則や教えを当てはめることは容易なことではありません。人は、それぞれの状況にぴったり合った原理原則が何かを慎重に検討しなければなりません。上に述べた知識的レベルで抽出された特徴量に対応する、より細かいカトリックの道徳的原理原則を熟考する際、人は自分の持っているすべての経験と直感を利用します。こういった経験とそれから得られた直観は「メタ知識」と呼ばれます。メタ知識が機能するのは知恵のレベルになります。

以上の二つのレベル、知識レベルで状況の特徴量を特定し、知恵のレベルで原理原則に当てはめることは、正しい道徳的決断に達成するために十分でしょうか。いいえ、実はそうではないのです。最後のレベル、最も重要なレベルは、神が私たちの心に植え込まれた良心の声を聞くことです。これは「識別、良心のレベル」と呼ばれています。上記の最初の二つのレベルは、クリスチャンとしての生活における長年の道徳的な訓練を経て得られたデータ、情報、知識および知恵を用いて人間の合理的レベルで行われる段階ですが、最後のレベルでは、道徳的な決断を評価し、同時に確認する段階になります。合理的なレベルと良心的なレベルが、行動方針を判断する上で完全に一致することもありますが、時には状況の特徴量が十分に理解できない、または道徳的原理原則の適用性があまり明確ではないために、それらが矛盾することもあります。そういった場合、私たちは良心に基づいて決定を下します。すなわち、状況的特徴量や道徳的原理原則に反しても道徳的良心に従って判断するのです。伝統的なカトリックの道徳的教えは「心が理性より先」という立場です。なぜなら、人間の道徳的良心は聖霊と直接に繋がっているからです。

私たちの良心は私たち自身の真の自己、私たち自身のより深い意志、そして私たちの神とのつながりに他なりません。私たちが私たち自身の良心に従うにつれ、私たちはより完全に自分自身になっていきます。しかしながら良心はしばしば私たちの欲望と衝突します。そういった場合に、もし良心に従うことができるならば、どのような難しい判断も正しく行うことができます。残念なことに、人は良心の声に従うのが正しいことだとわかっているにもかかわらず、良心の声を沈黙させてしまうこともあります。カトリック信徒の長年の祈り、秘跡と良い技は、良心の養成のための必要不可欠なものなのです。

しかし良心という言葉を使うと、古い、伝統的なカトリックの名残りと考えてしまう人がいるかもしれません。決してそうではありません。人間における良心の存在は心理学、神経科学および進化生物学にでも言及されています。良心は人間の感情のレベルで機能するものです。良心は私たちの中で道徳的な裁判官として行動します。私たちが善を行うことを選択するとき、それは私たちに平和と満足感を与えます。私たちが正しいことを選ばなかったとき、良心は私たちを罪悪感と悔いで満たします。良心はとても敏感なもので、その声を黙らせようとするとそれはだんだん消え、やがて死んでしまします。

AIの道徳的良心

ＡＩはそれ自体に良心を生み出す力を持っていますか。答えはノーです。良心は意識を前提としており、意識は生きている魂の存在を前提としているからです。しかしＡＩ研究者の中には、ＡＩプログラムが複雑になれば、いつか意識を持つことが可能であると主張する人もいます。彼らの基本的な前提は、「意識は脳内の複雑さから生じる現象にすぎない」ということで、ＡＩとロボットの意識に関する研究するグループもあります。しかしこれほど間違った前提はありません。意識は生きている魂から生じるものであって、生を持たないものは当然意識を持ちませんから、良心を持つことは決してないのです。

知覚を持つ生き物は、意識を持ち、内面的な主観的な世界も持っています。意識と内面的な経験は、魂を持ち、生きていて、感情をもつ生物だけの特権なのです。現在のＡＩプログラムは、人の想像力の範囲をはるかに超えた作品を作り出すほどまで発展してきました。AIプログラムによる色鮮やかな美しい景色画像、バロック様式の古典的な協奏曲の作曲、複雑なプロットを持つ小説などのAIの創造物の中には人間のそれとほとんど区別できないものさえあります。AIのデジタル芸術作品は、その見かけの完成度のみから判断するならば、創造性と深い知性の産物であるように思われますが、実はAIが物事についての本当の内面的な理解を持っているわけではないのです。AIプログラムにとっては、色は単なる波長、音楽は単なる周波数と波形で、人間の言語は単なるデジタルビットなのです。AIには自己意識も内面的に経験する能力もないからです。

七章では、AIプログラムが多くのデータをもとに学習し、そこから道徳的知恵を得ることができることを見てきました。AIプログラムは人間の専門家の経験や直感をシミュレートする、すなわち真似することができます。さらにAIプログラムは「学習」能力という優れた能力を持っていて、そのプログラム自体が設計された目的以外のタスクも学べる自律性を持っています。AIには「良心」はありませんが、こういった自律性をさらに向上させて良心の感情的な性質をシミュレートすることによって、知恵を持つとともに、人間の行動の道徳性を判断することが可能になるのではないかと思います。

近年、ロボットの感情に関する研究も増えています。日本のソフトバンク社製のロボットペッパーは、人々の顔の表情からその人の感情を理解し、それに対して適切に反応することができます。また介護に携わるロボットもすでに使用されていますが、それは高齢者や患者の気持ちを察する機能を、試行錯誤しながら向上させていく学習メカニズムを持っています。将来は、ロボットの心の部分をつかさどるＡＩプログラムは、倫理的な文献から情報を得るとともに、人間と交流することによって、人間の気持ちを理解し、人間に共感するようになるでしょう。すなわちロボット自身が、自分のある行動は人間を幸せにする、他の行動は人間を悲しくしてしまうということを、気持ちのレベルで理解できる自律性を持ち、人に共感するのです。人間と共感できれば、「自分にやってもらいたいことを他人にやってあげなさい」という原理原則に当てはめることができます。もしＡＩシステムがそこまで成長したならば、ＡＩシステムは、道徳的良心を身に着けたということができるのではないでしょうか。

将来完成されることが期待される、理想的な倫理的エキスパートシステムはどのようなものでしょうか。まずそのドメインは、倫理ドメインの専門家によって設定されます。その中には、カトリック倫理のすべての知識が格納されます。さらにシステムが、膨大なデータの中から専門家の道徳的経験と直感を抽出することによって、道徳的知恵を育成します。システムは学習能力を用いて、人間の感情を理解し、共感できる倫理的エキスパートシステムとなります。さらにそれは自律的に良心を発達させていくのです。

知識、知恵、良心を備えた倫理的エキスパートシステムは、人が複雑で困難な倫理的な意思決定を行わなければいけない場に直面したときそれを助けることができます。悪意を持った人が何か悪い指示を出す、たとえば、爆弾を積んだドローンに無実の人々を殺すように命じた場合、ＡＩシステムは、その良心に基づいて、それを拒否するのです。ＡＩシステムが良心を持てば、それが人に害を与える可能性を完全になくすことも可能になるのではないでしょうか。さらにＡＩは、知と良心に基づいて、人間とともに、自律的に自分の成長を目指すでしょう。

八　結び

ここまでＡＩの開発とその将来の展望について概観してきました。現在ハードウェアの開発もソフトウェアの開発も急速に進んでいて、ＡＩは大きな飛躍的進歩を遂げつつあります。そしてこれからもどんどん進歩していくでしょう。それでは果たして将来のＡＩは私たち人間の自然知能より優れたものになるでしょうか。私たちの仕事を奪い、私たちを失業させるのでしょうか。これはもっともな問いではあるのですが、実は現時点ではさほど重要な問いではありません。今大切なのは、ＡＩの開発が進もうとしている将来の方向性について考えることだからです。ハードウェアとソフトウェアの進歩により、現在の狭いＡＩは人間知能のような汎用性を待つＡＩに、そしてついにはスーパーＡＩに発展するでしょう。私たちが考えなければいけないのは、将来ＡＩがどのような方向に進んでいけば人類に幸せをもたらすのか、どういった方向に進めば不幸に終わってしまうかということです。

科学技術の発展の歴史を振り返ると、現在私たちが享受している便利で高度な技術の多くが、実はその発展段階では軍事開発が大きな目的だったことに気づきます。コンピュータやインターネットは軍事利用のために開発された技術の典型的な例です。ＡＩはそうではなく、純粋に平和的な目的のために開発され、コンピュータやスマートフォン上の便利でかわいいアプリの形で私たちにサービスを提供しています。ウェブ検索、画像認識、医療診断、デジタルアートや音楽、自然言語の理解、翻訳など、ＡＩプログラムの能力には計り知れないものがあります。では将来スーパーＡＩになっても、現在のように人類に奉仕するＡＩであり続けるでしょうか。実は多くの専門家がＡＩが近い将来、致命的な武器の開発に使用される可能性があると警告しています。そして、私たちの生活に知らぬ間に害を及ぼす悪質なプログラムもさまざまな形をとって現れるかもしれません。人間のコントロールを超えた悪意あるＡＩによって引き起こされる害がどんなものか、私たちには想像できません。カトリック教会とその信者は、将来訪れるかもしれないこういった技術発展の暗い面にどのように対応すべきなのかを考えなければなりません。

ＡＩで最も成功している分野の一つは、エキスパートシステムまたは知識ベースシステムと呼ばれるものです。これらのソフトウェアシステムに、専門家の膨大な専門知識を蓄えて、グーグルの検索エンジンのような推論エンジンを付け加えると、そのシステムは、ユーザーに助言するという能力を持つことができます。システム内の知識は事実と規則として体系化され、システムがそれらの事実と規則の組み合わせると、ユーザーの問い合わせに対する応答が可能になります。カトリック倫理の知識に基づいた倫理的エキスパートシステムの構築についての章で述べたように、キリスト教の倫理の基礎となる十戒がこのシステムの基本的な知識となります。

現代のＡＩプログラムの最も強力な機能の一つは、大量のデータから学習し、そのデータに暗示的あるいは明示的に含まれている新しい事実と規則を抽出できるということです。カトリック教会は、カテキズム、教皇の回勅、教父の書簡、百科事典、司牧的説教、霊性本や聖人の伝記などの形で蓄積された幅広い倫理的知識を持っています。倫理的エキスパートシステムの機械学習モジュールでこのすべての知識を提供することができれば、エキスパートシステムが、矛盾している倫理的状況に直面した場合でも、カトリック教徒が成熟した倫理的決定に到達するためのより細かい倫理原則のいくつかを自ら学ぶことになります。言い換えれば、ＡＩプログラムは知恵を育成し、「人工知識」から「人工知恵」に成長するのです。

カトリック教徒は道徳的な決定を下す際、理性的なレベルの「知恵」だけでなく、心の奥深くにある良心の声を聞くことによって、感情的なレベルをも利用しています。ＡＩは人工システムであるゆえに、良心を持つことはできません。しかし、ＡＩの感情、特に人間と対話するロボットの感情についての研究はすでに始まっています。この研究では、人間の感情を模倣するいくつかのモデルが考えられています。将来のＡＩプログラムが共感を養うことを学ぶならば、それらは人間の感情を理解することができるようになります。言い換えれば、将来のＡＩプログラムは「模擬」良心を持つことが可能になるのです。カトリックの知識、知恵と良心に基づいて構築され、学習させられたＡＩエキスパートシステムは、カトリックの教えに従って倫理的な決断を下すことができるでしょう。道徳的良心を持つことを徹底的に教えられた将来のＡＩは、人間の決定や行為が倫理的に良いか悪いかを判断することができます。さらに、非倫理的で悪の行動に従事せよという人間の命令を拒否する能力も持ちます。道徳的知恵と良心を持つ未来のＡＩは、邪悪な怪物になることから自分自身を守ることができるでしょう。

インドの叡智——エコソフィア——

プテンカラム・ジョンジョセフ

約五〇〇〇年の歴史を持つインドの哲学、神学を用いて、インドの叡智を考察していく。本章では特にエコソフィア、つまり「地球の知恵」という視点からインドの叡智を明確にしたい。

地球——創造的進化

宇宙と天体-惑星系、地球とそこに存在するすべての被造物、人類とその起源などさまざまな角度から理性において内面的に、ありのままの現実において外面的に、社会学的、科学的に検証している時代、現代はそのような時代であろう。このような議論をするとき、科学者たちは創造論者と進化論者に袂をわかつ。ある科学者たちは一五〇億年前のビッグバンによって宇宙は誕生したと確信している。四〇億年以上前に我々の太陽系が形作られ、三〇〇〇万年前に単細胞バクテリアが存在した。このバクテリアの出現によって、生命が存在することとなった。

そして、一〇〇万年前に人類がこの地球上にあらわれ、存在することとなった[1]。

地球を理解するということは、我々は地球上で誕生し、そして死ぬ存在であるということの意味を理解することができるということである。地球を知るということはそれほど意味深いことである。地球を知ることによって、私たちの生き方は自ずと地球を尊敬し、守るということになるのである。

母である大地。地球という言葉を思い浮かべるとき、我々人間は、みな、地球に対しての尊敬の念が湧き上がってくるであろう[2]。古代インドの人々は、その母である地球への尊敬と畏怖の念を持ち、毎朝、「母である地球よ。あなたの身体を踏むことをお許しください」という祈りで一日のはじまりをむかえた[3]。

東洋の人々はこのような尊敬と感謝の気持ちで、地球との関係をはぐくんできた。この良好な関係が変化することによって、地球とその環境を破壊し、結果として、人間の存在の危機をまねきかねない。現代はその危機をはらんでいる。

本章を通して、もう一度私たちが大切にしてきた哲学、文化、宗教などによる伝統的な価値観が、地球、そして、私たち人類をささえてきたことを思い起こしたい。

これはエコソフィア――地球の叡智――への呼びかけである。古代の文化、宗教、哲学のなかでの地球に対する考え方を総合的に取り入れることによって、エコソフィアへの道を探っていきたい。本章では東洋哲学、特にインドから生まれた宗教－哲学とその考え方をもとにして、インドの知恵－エコソフィアを明らかにしたい。ここで、世界が注目している持続可能な環境保全を例にあげながら考察をすすめたい。地球環境問題を人間の理性によってとらえるとき、私たちは自然を対象化し、主体者という私と対象者であるあなたという関係をつくりあげ、問題を解決しようという傾向がある。他方で、私とあなたという区別をこえて、私たちはみな自然の一部であると、認識できれば、自然と一体化し、自然とともに我々が主体性をもつようになる。五感をとおして、私たちの周りの痛みの叫びと自然のリズムを感じることができる。自然のリズムに則ってあゆみ、世界の苦しみと叫びと喜びを味わうことによって、エコソフィアという考え方が生まれてくるであろう。そのようにして生まれたエコソフィアを通じて、現代の環境について考察する必要がある。「主体－対象」[4]という考え方のもとで、現代の環境、自然問題を解決することは不可能である。人間は自然を対象化し、搾取し、利用する過程を進歩と考えているが、実際にはこの進歩は、自然を破壊し、地球を荒らし、大気を汚染することに他ならない。このような矛盾からの解放を可能にするのが、エコソフィアの考え方であり、その考察への第一歩は文化と地球の関係性である。

文化と地球の関係性の起源

母なる地球から四大文明、その文明の精神である文化、西洋と東洋の哲学学派、多数の宗教の起源が生まれた。そのすべては母なる地球から生まれ、母なる大地の懐にある。母なる地球への膨大な記憶への関係性を微細に分析すると、我々人間はただ畏怖と驚きの念を抱くばかりだ。このことは原始文化を検証することによって、分析することができる。

ここではインドの原始文化を分析したい。大自然に対するインド文化の姿勢は深い感謝と尊敬の念である。インドの霊的遺産はこのインド文化の姿勢が生みだしたものである。

現代のインドの先住民の生活の中で、アーリア以前のドラヴィダ文化の大自然に対するインド文化の深い畏怖の念を見ることができる。私自身、ここ数年、幾度か先住民とすごすという体験をもった。そこで彼らが、この現代の彼らの人生の営みのなかで、母なる地球への畏怖と共存している生活を目の当たりにした。

彼らは、その人生の一部として、
地球の苦しみと喜びを感じることができる……
大自然の実りのおかげで、生きている……
川の流れは人間の血の流れ……
森林は霊的、物質的栄養の源……

このように大自然の一つひとつをみていくことによって、この木々さえも聖なる存在に見えてくる。大きな喜びをもって彼らの祭りを祝うことで、宇宙との関係に気づく。踊りを通して、超越的な自然のリズムに乗って、踊る。彼らの神話は人間と宇宙の関係性を強く表わしている。薬草の癒しの力、季節の移り変わりなど自然への深い造詣を持っている。しかしこの造詣を文字にすることは憚られると彼らは考える。文字にすることによって、神秘的な現象を失ってしまうと考えるからである。何世紀にもわたる知恵（エコソフィア）を持つ彼らは、技術文明の側にいる我々にむかってこう呼びかける。「地球はあなたの身体である。その体に毒を与えたらあなたの身体に毒を与えることである」。彼らの地球に対する方法論は破壊ではなく、ともに共存し、生き残る道である。地球は私たちに家をつくるため幹と葉を与え、お湯をわかし、料理をつくるために薪を与え、守っている。欲望による伐採はしない。もし先住民の暮らしている地域を訪れることがあれば、彼らが自然との調和の表れとして、大自然に対する畏怖と感謝の態度を見ることができる。彼らの文化、宗教、神話、シンボルと儀式を見れば、以下のことを理解できるはずである。「どれほど自然から恩恵を受け、その自然への感謝として、自然は私の延長線であると意識し、逆に他方で、私は自然の延長線である。私は地球体である(5)」。

宗教と地球の関係性

すべての宗教、特にキリスト教の哲学的、神学的自然観によると、地球、被造物は神によって造られ、地球は混沌から秩序になった。

人間は神の似姿によって造られ、この人間に地球をゆだねられた(6)。しかしながら、なにかがうまくいかなかった。それは、人間は神から与えられた自由をはきちがえて使い、神に対して不従順となった。それによって罪の悪循環がはじまり、その罪の結果として、人間は神から離れ、人間同士も距離ができ、大自然からの疎外感を感じるようになった。

神の御摂理は混沌から秩序をつくることであって、人間は秩序を混沌にする傾向にある。この傾向は現代のさまざまな混沌にあらわれている。そのなかの一つとして、現代の地球環境問題があげられる。インドで生まれたヒンズー教[7]、仏教、ジャイナ教とそれらの聖典の教えを学ぶことによって、地球と環境に対する私たちのヴィジョンがどうあるべきか悟ることができる。仏教の教えによれば、人間であれ、小さな虫であれ、命あるものであれ、ないものであれ、傷つけたり、破壊してはならない[8]。存在するすべてのものの「子宮」に、ブッタネーチャーがあり、それは成長することによって完全なブッタネーチャー（Tathagatagarbha）にあらわれ、存在する。したがって、すべてのもの――人間、木々、動物、地球などの関係性が説明できる。このような自然に対しての見方は観想的感覚によるもので、すべての被造物に対する慈悲深い思いやりである。

ジャイナ教による地球の知恵

古典的ジャイナ教によれば、宇宙とその被造物に無限の魂が存在する（Jivas）。それらは物質に統合している。神々だけではなく人間、鬼、動物、虫にもこの魂は存在し、すべての植物、地球と石は、地球から生まれた。川、池　海、雨粒、ともしび、火、ガス、風にも魂が存在している。宇宙全体が命にあふれている[9]。ジャイナ教は普遍的な慈悲を教える宗教である。慈悲は倫理的な教義ではなく、神秘的な次元から理解できるものである。ジャイナ教によれば、すべての被造物に命（Jivas）が溢れていることから、この魂（命）は物質的なものの真の主体性をもつ。したがって、ジャイナ教信者は宇宙は自分の霊的な家であるということを体験できる。インドと東洋の国々の現実に対する考え方は、その神話、イコン、祭りなどにあらわれている。ヒンズー教のBhagavat（Gita, 6, 31）によると、宗教的な儀式のなかで用いる宇宙の五つの要素を使用することによって、「神はすべてにおられる」という意識へ導かれやすくなる。東洋の宗教であるヒンズー教、仏教、ジャイナ教とそれらの聖典を分析することによって、エコソフィアー地球の叡智を理解することができる。このようにして、叡智は地球に宿り、生まれ、地球から栄養を与えられ、成長し、成熟して、すべての被造物に存在するようになる。同時に私たち人間の精神の領域も、大自然と一体化し、私たちの意識も宇宙と聖なる領域の現象と一致するようになる。私たちが持っている破壊力の原点になるような知恵を理解し、東洋の宗教における地球の叡智に戻ることができれば、私たちは地球を愛し、守るようになり、科学的知識も私たちの地球環境保全活動につながるようになるはずである。

身体——変化する地球

これまで考察してきた古代の知識をもとに、私たちは、母なる地球に対する新しいヴィジョンを描くことができるであろう。もし私たち人間が、新しい意識をもつようになれば、地球との関係が変化するであろう。その意識とは、自然は宇宙の身体であり、私たちは主体性をもってすべてのエネルギーの源であるということである。そのことを意識し、地球にたいして、慈悲と思いやりの観想を持てるようになることができたなら、私たちははじめて、この地球をただの物質的なものではなく、私の身体の延長線であるという意識に変化することができるであろう。私たちの身体は変化する地球になり、人間は新しい意識（prithini）を持つ地球となる。宇宙を満たす空気と私たちの身体を満たす空気（酸素）は同じエネルギー（prana）である。川に流れる水と私の身体を満たす水は同じ水である。

私たちの身体の熱（Tapah）と太陽の熱は同じである。空を飛ぶ鳥と野に咲く百合と私は母である大地から栄養をうけ、父である空からエネルギーをうけ、同じ地球という家に暮らしている。このような新しい考え方は地球の葛藤に創造的な参加をもたらし、受け身にはならない。そのときに存在するすべてのものがお互いにつながっていることに気づくであろう。私たちにはすべてのものの幸福（well -being）に対する責務がある。このような考え方によって、大自然とはただの対象物ではなくて、すべての主体性をもつものであり、私たち人間はそこから生まれ、そこで、生き、そこに戻るものである。この見方はエコソフィアすなわち地球の叡智の考え方である。この感覚はお互いにつながっていることから生まれ、人間は、人間と自然と霊的なつながりにある（dharma）。エコソフィアとは古代宗教とそれらの聖典にある神秘的な直観から生まれてくるものである。エコソフィアとはさらに普遍的なつながりであり、すべてのものがお互いに人生の進化の過程にあるものである。この過程によって、人間は自然の頂点にあり、人間の意識によって、地球は抑制するものではなく、愛するものであり、ケアするものであり、栄養を与えて、美しく育てていくものである。そして、地球は完全な命へとなっていくだろう。人間の労働とは自然を搾取するためのものではなく、自然を実らせ、咲かせるための創造的な行動である。エコソフィアとは、神の霊による新しい創造であり、それは、地球の産みの痛み、創造の叫びである[10]。

地球の保全とは、私たちの身体を大切にすると同じことである。エコソフィアとは、現代のグローバル化する経済が無限の欲望であり、結果として、資源の搾取を招いていることへの新たな批判である。地球の叡智とは、もう一度母なる大地へもどり、その母なる大地を信頼することによって、母も私たちを信頼し、私たちもお互いに信頼をするということであろう。このようなお互いの信頼が育つことによって、人間は真の自由を得て、それは、地球の将来を守っていくことである。このために、母である大地とともに夢を描かなくてはならない[11]。すべての母親が自分の息子、娘から愛と尊敬を求められるのと同じように、大自然も私たちから愛と尊敬、そして、感謝を期待しているに違いない。私たちの問いとは、人間と地球の間にある隔たりが、産業革命以降の科学的な発明によるものであるということだ。二一世紀を迎えた我々人類は、大自然なる地球から隔離され、疎外感を感じている。その結果は、生態系の破壊と人的環境の惨事である。環境保全は母である地球の懐に戻ることからはじまり、その母である地球は、すべての科学技術による知識よりも素晴らしく、偉大な知恵をもつものである。Gita-Sadaha 黙想指導者であったパイナダトゥ先生が私たちに「毎朝起きたら同じ一本の木を訪れ、仲良くし、対話をし、その木に親しみを持つようにしなさい。このプロセスを繰り返すことによって、創造への驚嘆、尊敬を感じ、それらが我々に叡智を教えてくれるであろう」と教えた[12]。我々のすべての学術的、非学術的な活動は地球の叡智を得るためであり、その叡智は地球を守り環境を保全し、我々人間を真の愛と心理へ導くものとであろう。哲学的基盤はすべての教育と研究に必要である。本章では私たちはインドの叡智―エコソフィアというテーマでインド哲学をとおして、考察をすすめてきたが、このモデルがこれからの研究に役に立てば幸いである。

註

(1) Mattam, J., Kavunkal. J, Ecological Concerns: An Indian Christian Response, Bangalore, NBCLC, 1998.
(2) Thomas Paul (ed), Civilization of Love, Media House, Delhi, 2000.
(3) Painadath, S., "Lessons from India's Spiritual Heritage", in Civilization of Love, Media House, Delhi, 2000.
(4) Ibid.
(5) For a detailed discussion of cultural impact on ecology and tribal life, see, John Joseph Puthenkalam, "Collision of Cultures? Dialogue Between Globalization and Cultures", Academia Verlag, Germany, 2002.
(6) Anand Chandu Lal, (ed)., Defending the Earth: A Way of Life, Earth Centre, Delhi, 2003.
(7) Karan Singh, The Hindu Declaration on Nature, Assisi Declaration, 1986.
(8) The translations of the Vedic and Upanishidic quotations are taken from Raimundo Panikkar: Vedic Experience, London, 1977.

(9) A. L. Basham, “Jainism”, in R.C. Zaehner (ed), ‘The Concise Encyclopedia of Living Faiths’, 1971.

(10) St. Paul’s Letter to the Romans. 8:18–25 in the Christian New Testament.

(11) Beery Thomas, “The Dream of the Earth”, San Francisco, Sierra Club Books, 1990. For a detailed study of this work, see, Gracious Stephen, Sameeksha, Kerala, 2005.

(12) I would like to acknowledge the wisdom shared by Dr. Sebastain Painadath when I visited the Indian ashram called Sameeksha in Kerala, India. All the written materials that I have used in this article are with kind permission from the author. N.B. Original of the article is in English. Japanese translation is done by Ms. Chikako Inoue.

平和と喜びをもたらす賢い生き方

――アフリカ人の知恵――

ルカ・ルサラ・ル・ヌ・ンクカ

この書の貢献[1]の中で、古代エジプトを抜け出し、とりわけバコンゴ[2]（Bakongo）とバシ[3]（Bashi）の人びとに焦点を当てながらファラオの時代から今日に至るまでのアフリカの知恵について述べる。導入となる二章、アフリカの知恵に関して隣接する三国の翻訳の記録についての章と古代エジプト語における「知恵」の概念についての章から始める。次に、一番初めに知恵を身につけた良識のある人びと、知恵を教える場所、知恵を教える手段、そして最後に知恵がどのようなところで用いられていたかについて言及する。

一　アフリカ、知恵の地

ギリシャの記録

ギリシャ人はエジプト人が世界で最も賢いと喜んで認めていた。このことは、ギリシャの歴史学者ヘロドトス（紀元前四八五―四二五年）の『歴史』第二巻に記されている文章からうかがえる。ヘロドトスは実際このように書いている。「この王子[4]の命令で、エレン側の使者たちはエジプトに到着した。この臣民たちは、自分たちがオリンピック大会や最も公平で最も賞賛すべき統制の仕組みを確立していることを自慢して、いくら人類の中で一番賢いとは言えエジプト人は我々を超えることはできまいと思っていた。エジプトの王は宮廷にやって来て、使節の主旨を告げ、最も賢いと見なされたエジプト人たちから数名を呼び寄せた。ここに皆が集まり、エレン人たちは自分たちにとって理にかなっていると思われるすべての規則を並べ、エジプト人がこれらの規則をより公正なものにできるか知るために来たと告げた。エジプト人らは熟考の上、彼らの民もこれらの大会の中で戦うことを許されているかどうか聞いた。エレン人はギリシャの民と同様に戦うことができると答えた。エジプト人たちは、自分たち外国人をこの大会で優遇することは考えられないためこれは公平な規則ではないと、しかしあなた方がこの大会を公正なものにしたいと望み、これがエジプトへの旅の目的であれば、外国人だけが戦うことを許され、エレン人たちが交戦することを禁止する規則を設けるべきだと言った。このような助言をエジプト人たちはエレンの大使に与えたのだ」[5]。

したがって、歴史の中で多くのギリシャ人がとりわけ哲学の手ほどきをしてもらうためにエジプトとエチオピアと同じ道を辿って行ったことは偶然ではない[6]。

聖書の記録

新約聖書によると、ユダヤ教の創始者、またその大預言者であるモーセはエジプトの教えのおかげでその偉大さを手に入れることができた。それについて、使徒言行録には「そしてモーセはエジプト人のすべての知恵に精通し、かつ彼の言葉と行動は人々に強い影響を与えていた」と記述している（7・22）。

エジプトの知恵を学んだことでモーセが権力を手に入れたことは聖書において明らかである。

イスラム教の記録

モハンメドはメディナへの逃亡（六二二年七月一六日）以前、彼がメッカで受けた迫害の際、同胞たちにエチオピアに立つことを勧めた。「なぜならエチオピアが国民に対する公正さで評判の王によって統治されていたからである」[7]。

したがって、エチオピアの王がその実直さ、つまり知恵において卓越していたことをモハンメドは知っていたということになる。

二　古代エジプトにおける知恵ということば

古代エジプトは黒人アフリカ[8]の伝統的な文明である。それゆえ、知恵（sagesse）ということばをどのように翻訳するか知るためにエジプト語をよく調べることが重要である。エジプト語で「知恵」を表すには *sAt* ということばを用いる。この単語はまた「慎重さ」を意味する。ここで知恵ということばの最初の意味を見つけた。知恵とは慎重さである。*sAt* に関連する動詞は *sAi* で、この動詞は「賢い、慎重な」という意味に加え、「満足した、堪能した」[9]という意味を持つ。知恵の目的とは、生きることの難しさを差し置いて、人生における満足、平静さである。このイメージを巧みに表現しているのが、我々が鱈腹食べた時の満足感である。人生の中で、我々は何かを知ることに飢え、それを理解することに渇いている。ようやく知識、理解にたどり着いた時、満足していると言い、たくさん食べた後のように悦びを感じる。これに関して、バシの人びとの諺がある。Okayumva omusole gwalimba, erhi gwalire（もし子供が誇らしげに歩いていたなら、その子は鱈腹食べたと思って良い）。キコンゴ[10]にはエジプトの動詞 *sAi* に由来する知恵の意味をよく表現した単語がいくつかある。*Saaya*「明るい、陽気な」、*saayi*「平和、喜び、美しさ、快適さ、自慢、高慢、他人の食べ物や物の見方、自身に贈り物をしてくれる自分と比べられるものはないと考えること」、*za'a*「知る」、*zaya*「やり方を知る、知識を得る、理解する、把握する、～する力がある、～を学ぶ、～の経験をする、～に精通している」、*zayi*「賢い、頭のいい、理にかなっている」、*zayu*「知識、知性、判断、～への意識、道理、構想、博識、理解する能力、思い描く」、*zisu*「知恵[11]」。

上記で高慢と述べたが、これを否定的な意味で捉えてはいけない。ここではただ単に自身の満足を示している。また、キコンゴにはエジプト語で必ずしも留意していない意味を加えている。それは知恵が偶然の賜物ではないということだ。知恵とは物事の真実と出逢う人びとの真実を知ることに繋がり、一方で、自分が学んだことを人生の中で活用しながら経験したことに結びついている。こうして知恵と真実の繋がりが明らかになった。エジプト語で「真実」ということばは  *maat* と訳される。*Maat* はまた「公正さ[12]」を意味する。預言者モハンメドが彼の弟子に話したエチオピアの王のように、真実と公正さの光の下で生きた者はすなわち賢い人と言える。

この最後の考察はフラウィウス・ヨセフス（Flavius Joseph）によるエジプトの司祭教育の目的を思い起こさせる。「エジプトの司祭たちの教えは、彼らの規律において王の宝である。司祭たちは古代にはすでに二つのことを実践していた。その一、神に仕え、神を愛する。その二、知恵を得る[13]。

教え、習得を知ることによってこの新たな知恵の側面を発見したことで、もう一度エジプト語に立ち戻る必要がある。エジプト語で「教える」は  *sbA*[14] という。コンゴの歴史学者テオフィル・オベンガ（Théophile Obenga）によるとギリシャの「sopho」知恵ということばは語源が曖昧で[15]、実際にはエジプト語の *sbA* に由来すると言われている[16]。

三　はじめに知恵を身につけた人びと

祖先たち

祖先たちは常に知恵の受託者だと見なされる。キコンゴでは諺を引用する時は常に、「*Bambuta bata kingana*（祖先たちはこの諺を言った）」という。またリンガラ語でも同様に「*Bakoko baloba*（祖先たちはこう言う）」という。これらは祖先に関わることで、バシの諺集の一つ「*Emigani bali bantu*（諺は人間であった）[17]」はそれをよく表している。祖先たちは社会にこの遺産を残し、社会はこれらを大切に保管し、若い世代に伝えていく役割をしなければならない。ある意味、祖先たちは光を照らす照明のような、理解し従うべき見本のように考えられている。

権威

エジプト神話の中で、最初の王オザイレスは  *ounnefer* と呼ばれていた。「*Omnōphris*」[19]は「優れていること」、「完璧なこと」[19]を意味する。彼の妻アイシスに関して、ギリシャの哲学者プルタルコス（紀元前四六―一二五年）は「彼女を実際に判別するものは、知恵と知恵への愛である。加えて、彼女の名前には、彼女より知識と学識にふさわしい者は誰もいないというような響きがある」[20]と述べている。

バコンゴの大司祭の通過儀礼について話すと、ヨセフ・ヴァン・ウィング（Joseph van Wing）はこう述べている。「任命されてから任命式までの間、かつて王位に就いていたリーダー自身が候補者の教育を請け負い、そしてndona nkentoと呼ばれる老婆は、通常女子の世話をする。教え子以前に彼らが努めて保とうとしているのは、安定した気分と穏やかさ、つまり彼らが言うように鎮められた心である。彼らはいかなるすべての怒り、熱情、無愛想な言動、行動において急くことを排除しなければならない。そして彼らに落ち着いて話すことを教える[21]」。

そして、両親は彼らの子供に直接的責任を負っている身として、社会の中で権威の一部を担っている。知恵を取り入れた言動を世間は親に期待しているのだ。

四　知恵を教える場所

家族

家族は知恵を習得する最初の場所である。両親は子供たちがしっかりと教育されていることに気を配る。古代エジプトのプタホテプの格言書（古代王、紀元前二七八〇―二二六〇年）で彼は、「貴族であり、王子であり、神の父であり、王の本当の長男であり、街の長であり、大臣であるプタホテプよ[22]」と息子に話しかける。この文章は明確に「と彼は息子に言った[23]」と書いてある。プタホテプの格言書は生きることを知る、すなわち父による子供へ知恵を教えるための導入書である。そしてキコンゴの諺では「Ki kidia ngudi nkombo, ki kidia mwana nkombo（ヤギが食べているものは子ヤギが食べているものだ）」という。さらに、バシの諺では「Emburho eshush' ishwa（種子は畑に似ている）」という。子供たちの振る舞いを通して、彼らにこの行動を見せているのは両親だ。また彼らは子供たちの教育の世話を十分にする義務がある。キコンゴの諺の一つに「Vo mwana muntu bweke nsuki, tumbu kwa se ye ngudi（もし子供の髪の毛が黄色だったら、それは両親の責任である）」ということばがある。

両親は自分たちの子供にとりわけ四つの価値を教えこむ努力をする。

(1) 最初の価値は従順である。古代エジプトのカンゲンニ（Kagemni 古代王。紀元前二七八〇—二二六〇年）の格言書のなかで、彼は度々こう述べている。「大臣は彼の子供たちを呼び、人間たちの声を認識するようになってから、彼らの人格がはっきりと見えてきた。そして彼は『私が、もうすでに確立されていること以上のものを提示しないようにと言ったように、この本に書いてあることはすべてこのことに留意している』[24]」。コンゴではどうかというと、「Ku kukwenda ntumbu, ku kulanda n' singa（ここに針が通り、ここに糸が連なっていく）」という諺がある。針は両親で、糸は子供たちだ。教えたことを理解する従順な子供だけがその結果、人生で成功する。一方で、強情な子供は教養のないままだ。そしてそれは危険に直面するリスクを生じさせる。これについてシの諺では「Omwana murhengu arhakemwa（強情な子供は物事の前兆を理解しない）」という。他の諺では「Omurhengu arharhumwa kabiri（言うことを聞かない子は二度と学校へやらせない）」という。

（2）　二つ目の価値は謙遜である。ここではカゲンニ（Kagemni）の格言書を引用する。「もし何も聞かれなかったら自分の存在を示してはならない。誰かに呼ばれた時は、自分の権力を鼻にかけてはならない[25]」と記載されている。またコンゴの諺では「Ngo Bulama（脚が曲がっているヒョウ）[26]」という。謙虚さは外国人であろうと貧しい者であろうとすべての人に対する尊敬を伴っている。謙虚さはアフリカ人の挨拶において日常的に観察される。自分よりも目上の人とすれ違った時、膝を片方曲げる（アンゴラ・ガボン・コンゴ共和国・コンゴ民主共和国のバコンゴ、ジンバブエのショナ）、跪く（ナイジェリアのヨルバ、ウガンダのバガンダ）、左手を右肩に置く（アフリカの数か国）、うつ伏せに横たわる（古代コンゴ王国のバコンゴ、ナイジェリアのヨルバ）、片足を地面につける（ナイジェリアのヨルバ）挨拶をする相手の手が肩に乗ったままお辞儀する（コンゴ民主共和国のイトゥリ地域の人びと）、脱帽する（アフリカの数か国）等がある。

（3）　三つ目の価値は実直さである。これについてプタホテプの格言書では「真実を見よ、その限度を超えるな[27]」と言っており、また「何も持っていない者には何も要求するな[28]」と言っている。バシの観点では「Aha wankazimba wankazimbwa（自分が泥棒になるより、盗まれた方がマシだ）」という。実直さは相互の信頼を約束するものだ。

(4) 四つ目の価値は誠実さである。これに関して、プタホテプの格言書でこう述べている。「偉大さは公正さであり、持続的な影響をもち、オザイレスの時代から揺るぎないものだ」[29]。これは我々より先に祖先が実践してきたように、観察し続けることへの導きである。シの諺「Omwana w' omushi ngasi kashando na mwigasho(シの子供は道理に背くようなことはしていないとその都度心に誓う)」もまたこのことをよく表している。誠実な子供は、一度自身が親になったら、自分の子供あるいは世話をしている子供たちに両親から受け継いだ文化の遺産を伝えることができる。

子供たちがこれらの価値を身につけることができれば、善良で優秀な性格、言い換えれば穏やかさを手に入れることができると見なされる。ヨルバの人びとは穏やかさを「iwa」と呼び、このことばは神に由来していると考えている。「iwa」白い色に象徴され、白は神々と祖先たちが持つ道徳の清らかさを表す色である[30]。この場合、知恵はまた精神性を伴っている。

2 社会

家族を超えて、若者に知恵の手ほどきをしているのは社会全体である。ここで、マリの憲法である *Kouroukan Fouga*（一三世紀）の第九条を引用する。この条項では「子供の教育は社会全体の役目だ。したがって父系権力はすべてに関与する[31]」と述べている。

このようなわけで、アフリカ社会には人類学者たちが「伝統的な通過儀礼」と呼ぶものが存在している。わかりやすく言えば、伝統的な通過儀礼は年頃になった若年の女子または男子を対象としている。一日から場合によっては三年間にもなる一定期間、その上、性別や民族集団によって、それぞれの社会のしきたりや習慣を教えこむために彼らを隔離する。通過儀礼の進行役は協力者に助けられながら、若者にこれらの事柄を教えることに尽力する。

いかなる状況

最後に、子供が知恵を習得するのにいかなる状況も好ましい。これについてシの諺では「Omwana w' omushi ayumva omulubi（シの子供はたとえ騒音の中でも学習している）」と言っている。これはたとえ自分に関わりがなく、思いがけない状況だとしても、シの子は注意深く、いつも何かを学び、そこから得た知識によって人生を方向づけていくことができる。

五　知恵を教える方法

アフリカの社会では主に口頭手段によって教育する。古代エジプト語では、「ことば」は

 *mdw* という。フランソワ・マルタン（François Martin）が彼のギリシャ語辞書（Les mots）で言及した「μῦθος, ὁ, ことば、*Hom,* 神話、寓話」ということばは、「不明確な étym.（語源）」[32]を持ち、それはおそらくエジプト語の「mdw」から生じている可能性が高い[33]。

知恵を伝達することばはスピーチや神話、お伽話、諺、民謡、なぞなぞ、そしてそれぞれの文化の象徴の中で実現されている。これらの事柄はすべての人びと、特に若者への教育の教訓を担っている。このようにして、諺集であるプタホテプの格言書では、「耳を傾ける者には無知を知恵と善良なことばに導き、これに従わない者には有害なものとなる[34]」ことを目的としている。バコンゴでは、「Mwana N' kongo longila mu bingana ye mu n' kunga, mwana nsa mu minga（諺や民謡によってムコンゴの子供を教育する）」という。

六　どこで知恵を使うか

それは知恵によって結ばれた関係を持つ限り、生涯において使われる。この関係とは、人間と神、人間と自然、支配者と被支配者、夫婦同士、親と子、子と親、子供同士、現地人と外国人、男性と女性、子供と大人などである。そしてこの関係は、しきたり、仕事、飲食、他愛もない会話、遊び、旅行などあらゆる場所またはあらゆる状況において生じる。人生をより素晴らしいものにし、いつの日か祖先たちと生きる準備として、地下で眠っている人びとの中で人生を心地よいものにするための考えを示していることばは数えきれないほどある。

実際、ローズ・ナムリサ・バラルカ（Rose Namulisa Balaluka）が説明しているように最後の最後は終末論的だ。彼はシの社会について、「要するに、シの人びとは道徳的価値と社会的価値が永遠だということに納得している。我々がした行動はどこでもついてくる。我々の地下（死後）の生活を超えてさえ、最後の審判は、死後の世界で我々の行いが良かったか悪かったかということにかかっている[35]」と述べている。このような考え方は、古代エジプトから丸ごと伝わってきたように見える。エジプトの八番目の嘆願書、Khoun-Inpou の中で、おしゃべりな田舎者のお話（*Conte du paysan bavard* 紀元前一八〇〇年）の主人公は盗みにあい、地方長官のランシにこう言う。「善行は非常に良いものだ。正義は永続し、死後もこれを成し遂げた者に付随する。そして、この者が永遠になったとき、その名前はこの世においても消えることはなく善行（生前に成し遂げた）によって、人びとはその者を思い出すのだ。これは神のことばの掟である[36]」。

結論

知恵とは、社会の中で自分と周囲の者に平和と喜びをもたらすために賢く生きる方法である。我々は古代エジプトの時代から今日まで、アフリカにおいて知恵がどのように教えられ、どのように使われているのか述べた。（原文フランス語　翻訳：小山祐実）

註

（1）我々は記者で良き教育者であった Solange Lusiku Nsimire（ソラング・ルシク・ンシミレ）氏（一九七二―二〇一八年）を記念してこの本論の執筆に至った。
（2）バコンゴとは中部アフリカ、カミテ海（大西洋の一部）沿岸の人びと。
（3）バシとは中部アフリカ、大湖地域の人びと。
（4）古代エジプト王、プサムテク二世（紀元前五九五―五八九年）、ヘロドトスは彼を Psammis（プサミ）と呼んでいる。

（5）ヘロドトス、「歴史第二巻『*Euterpe*（エウテルペ）』」、一六〇節。参照リンク：http://www.mediterranees.net/geographie/herodote/euterpe.html（二〇一七年四月一五日参照）.

（6）Luka LUSALA LU NE NKUKA, *L'influence de la philosophie égyptienne sur la philosophie grecque*（ギリシャ哲学におけるエジプト哲学の影響）, (Québec, L'Érablière, 2016).

（7）Pr MESTAOUI MOHAMED SALAHEDDINE, « L'exil pour l'Ethiopie Jaâfar Ibnou Abi Taleb expose la nouvelle religion de l'Islam au Négus d'Ethiopie », 参照リンク：http://www.mestaoui.com/L-Exil-pour-l-Ethiopie-Jaafar?lang=ar（二〇一六年三月七日参照）.

（8）Maulana KARENGA, *Maat. The Moral Ideal in Ancient Egypt. A Study in Classical African Ethics*（Maat, 古代エジプトにおける道徳的規範　伝統アフリカ民族研究）, (New York and London, Routledge, 2004), p. xiii.

（9）Raymond O. FAULKNER, *A Concise Dictionary of Middle Egyptian*（中央エジプト簡易辞書）, Oxford, Griffith Institute, 2002, p. 208.

（10）Kikongo（キコンゴ）とはバコンゴの人びとのことば。

（11）Karl E. LAMAN, *Dictionnaire kikongo-français avec une étude phonétique décrivant les dialectes les plus importants de la langue dite kikongo*（キコンゴの最も重要な方言に関する音声学と仏キコンゴ辞書）, Brussels 1936（The Gregg Press による共同出版、一九六四年、171 East Redgewood Avenue, Redgewood, New Jersey, USA), pp. 882, 1150, 1157, 1167.

（12） Raymond O. FAULKNER, *A Concise Dictionary of Middle Egyptian*（中央エジプト簡易辞書), p. 101.

（13） Flavius JOSÈPHE, Contre Apion（アピオンへの反論), S. MAYASSIS による引用、*Mystères et initiations de l'Égypte ancienne*（古代エジプトの謎と教え), Milano, Archè, 1988, p. 11.

（14） Raymond O. FAULKNER, *A Concise Dictionary of Middle Egyptian*（中央エジプト簡易辞書), p. 219.

（15） François MARTIN, *Les mots grecs groupés par familles étymologiques*（語源別ギリシャ語単語), Paris, Hachette, 1990, p. 161.

（16） Théophile OBENGA, *L'Égypte, la Grèce et l'école d'Alexandrie. Histoire interculturelle dans l'Antiquité. Aux sources égyptiennes de la philosophie grecque*（エジプト、ギリシャ、アレクサンドリア　古代の精神的歴史、ギリシャ哲学の根源), Gif-sur-Yvette, Khepera, Paris, L'Harmattan, 2005, p. 221.

（17） KAGARAGU NTABAZA, *Emigani bali bantu. Proverbes et maximes des Bashi*（エミガニ・バリ・バンツゥー、バシの諺と格言), Bukavu, Libreza, 1976.

（18） Alan GARDINER, *Egyptian Grammar. Being an Introduction to the Study of Hieroglyphs*（エジプト文法、象形文字研究入門), Oxford, Griffith Institute, Ashmolean Museum, 1994, p.

620.

(19) Anonyme（匿名）, « Osiris »（オザイレス）, 参照リンク：https://mythologica.fr/egypte/osiris.htm（二〇一八年一二月二日参照）.

(20) PLUTARQUE, Œuvres morales, Isis et Osiris（道徳傑作、アイシスとオザイレス）, §1, 参照リンク：（二〇一二年七月一二日参照）. http://remacle.org/bloodwolf/historiens/Plutarque/isisetosirisa.htm

(21) Joseph VAN WING, SJ, *Etudes Bakongo. Sociologie, religion et magie*（バコンゴ研究、社会学、宗教、そして魔術）, [Bruxelles], Desclée de Brouwer, 1959, p. 108.

(22) Théophile OBENGA, *La Philosophie africaine de la période pharaonique*（古代エジプトのアフリカ哲学、紀元前二七八〇—三三〇）. *2780-330 avant notre ère*, L'Harmattan, Paris, 1990, p. 153.

(23) Théophile OBENGA, *La Philosophie africaine de la période pharaonique*, p. 153.

(24) Théophile OBENGA, *La Philosophie africaine de la période pharaonique*, p. 163.

(25) Théophile OBENGA, *La Philosophie africaine de la période pharaonique*, p. 163.

(26) François BAZIOTA NZAZI, *Ne-Kongo*, Kisantu（ンコンゴ、キサントゥ）参照.

(27) Théophile OBENGA, *La Philosophie africaine de la période pharaonique*, p. 154.

(28) Théophile OBENGA, *La Philosophie africaine de la période pharaonique*, p. 155.

（29）Théophile OBENGA, *La Philosophie africaine de la période pharaonique*, p. 154.

（30）Robert Farris THOMPSON, *L'éclair primordial. Présence Africaine dans la philosophie et l'art afro-américains*（稲妻のような衝撃、哲学におけるアフリカの存在とアフロアメリカン美術）, Paris, Éditions Caribéennes, 1985, pp. 9-10.

（31）*La Charte du Kouroukan Fouga*（クルカン・フーガの憲章）, 参照リンク：（二〇一八年一一月七日参照）. http://mediaafrik.com/wp-content/uploads/2013/05/La-Charte-du-nouveau-Manden.pdf.

（32）François MARTIN, *Les mots grecs groupés par familles étymologiques*（語源別ギリシャ単語）, p. 107.

（33）Wim van BINSBERGEN, « Rupture and fusion in the approach to myth »（神話へのアプローチにおける断裂と融合）, 参照リンク：（二〇一七年七月一八日参照）http://www.quest-journal.net/shikanda/ancient_models/myth%20mineke%20defdefdef.pdf ; Luka LUSALA LU NE NKUKA, « Fare la teologia in Africa »（アフリカで神学をする）, in Ward Biemans, SJ, Malulu Lock Gauthier, SJ, *Giornate teologiche II. La Chiesa di domani: priorità e sfida*, Atti delle conferenze dal 24 al 25 Novembre 2006, Roma : Collegio internazionale del Gesù 2007, p. 23.

（34）Théophile OBENGA, *La Philosophie africaine de la période pharaonique*（古代エジプト

のアフリカ哲学), p. 153.

(35) Rose NAMULISA BALALUKA, *Language Terms of Justice in the Shi Culture*（シの社会における公正さを表す言語), Québec, L'Érablière, 2016, p. 25.

(36) The Eloquent Peasant, 参照リンク：(二〇一七年八月二四日参照). http://wsrp.usc.edu/information/REL499_2011/Eloquent%20Peasant.pdf.

仏教の知恵——日本に受け入れられた仏教について——

栗谷　良道

一　はじめに

仏教が日本に伝承されてから今日にいたるまで、その仏教は日本の民俗文化との関わりのなかで伝承されてきたことは言うまでもないことである。日本人の伝統的な生活文化の中に仏教が入り込み、その中で仏教は伝承されてきたのであり、仏教は民俗文化の影響を受けながら今日まで伝承されてきたと言える。また、民俗文化は仏教の教えを吸収しながら生活文化の伝統を培ってきたと言うこともできるのである。

仏教が日本に定着したのは、仏教が日本人の死者儀礼である葬送儀礼を行なうようになったからだと言われている。しかし、その葬送儀礼は、日本の民俗文化の中で伝承されてきているのであり、その中へ仏教を取り入れながら行なわれてきていることは言うまでもない。日本の仏教は葬送文化と融合しながら継承され展開してきたと言っても過言ではない。今日まで伝承されてきた葬送文化について考える場合、民俗的な伝承と仏教的な伝承の両者の立場から考えなければならない。そして、両者の関係をいかに考えるか、そのことは異国の宗教である仏教が、なぜ日本人に受け入れられ、日本に定着することができたのか、そして、これから先、日本の宗教をいかに受けとめていけばいいのか、それらを考えるための大きな手がかりになると言えるであろう。

インドで生まれた仏教が、中国を経由しているとは言え、なぜ日本に受け入れられ、日本に定着することができたのか、それを成し得たのは仏教の「知恵」によるものであると言えるとしても、それは仏教のいかなる「知恵」にもとづいているのであるのか、その点について考えてみたい。

二　民俗としての葬送儀礼

葬送儀礼について考える場合、言うまでもなく、民俗の伝承の中で行われてきた葬送儀礼として考えておかなければならない。人びとが人の死に出会うとき、人の世の命には限りのあることを知り、死んだ後は、死後の世界に旅立っていくと考えてきた。この世での生を終え、人は死んでいくのであるが、その場合、人の身は死んだとしても、人の心、人の魂は、死後の世界におもむき、そのまま生きつづけると考えてきたのである。その魂を人は霊として受けとめてきた。人は死んでも、人の魂は永遠に生きつづけると考えてきたのである。そこに人は民俗としての救いを求めてきたのである。

人が亡くなったときに行なう一連の儀礼は、人は死んでも死後の世界で生きつづけていると考え、それを信じて行なわれている。日本の宗教行事として、毎年、夏になると一年に一度のお盆の行事が行なわれるのであるが、それは亡くなった人が死後の世界から生きている私たちの世界へ訪れて来るという民俗の儀礼として行なわれているのである。私たちは、生きている限り、お盆になると亡くなった祖先を死後の世界から鄭重にお迎えし鄭重に接待して、お盆が終わると死後の世界へ鄭重にお送りしている。亡くなった祖先を生きている人と同じようにお迎えしお送りしているのである。

愛する人が亡くなってしまったとき、遺された人は、悲しみに暮れ、なかなか愛する人の死を認めることができない。月日が過ぎて、もう生きている世界にはいないことを実感する日が訪れたとしても、完全に死んでしまったとは思い切ることができない。愛する人が亡くなって、もう生きている世界からいなくなったとしても、亡くなった人は死後の世界で生きつづけていると信じて、死後の世界にいる亡くなった人と交流する方法などを考えるようになり、仏壇のなかにお祀りしている位牌に手を合わせ、亡くなった人が埋葬されている墓地をお参りすることが行なわれるようになる。

人は、死んだとき、死んだ後も生きつづける死後の世界へ旅立つと考え、死んだ人への儀礼として、死後の世界へ鄭重に送りだす葬送儀礼を行なっている。

人は、民俗としての生き方の中に、人の心は永遠に生きつづけると信じ、死んだ後も霊として生きつづけると信じている。霊として存在していることを信じているのである。亡くなった人が死後も霊として存在していると信じることこそが民俗としての生き方であると言える。永遠に生きつづける霊としての存在を信じるからこそ、鄭重に死後の世界へ送りだす民俗としての葬送儀礼の文化が今日まで伝承されつづけてきたと言える。永遠に生きつづける霊としての存在は、民俗の世界に生きる人たちにとってはなくてはならない存在であると言うことができる。人類の歴史において、今日まで受け継がれてきた民俗の貴重な伝承であると言うことができるのである。

今日、科学の発達に伴い、死後も永遠に生きつづける霊としての存在を認めることに対し、それは非科学的であるとして、その存在を忌避することに慣らされてきているところがあると言えるのではないか。死後も生きつづける霊としての存在を忌避してなのか、死者は生者の心の中に生きつづけるとか、死者は生者の追憶の中に生きつづけるというような言い方をするような人たちがいる。このことは霊としての死者の存在を認めようとはせずに忘れ去ろうとしているように思えてならない。

民俗として伝承されてきた葬送儀礼は、人は死後も霊として生きつづけると信じるからこそ行なわれてきたのであり、霊としての存在を忘れ去ろうとするならば、民俗としての葬送儀礼は、その基盤を根底から崩されていくことになる。それゆえ、人類の歴史において伝承してきた民俗文化としての葬送儀礼を、もう一度、あらためて考えておく必要があると思われるのである。

民俗文化として伝承されてきた葬送儀礼は、仏教の教えを吸収しながら発展的に民俗仏教の文化として伝承されてきたと言える。葬送儀礼を仏教の僧侶が行なうことは、それが儀礼的な側面だけであったとしても、仏教の影響を受け入れながら、民俗の仏教儀礼として葬送儀礼を行なってきたと言うことができる。民俗と仏教の融合という形で葬送儀礼が発展的に伝承されてきたのである。

日本では伝統的に亡くなった人を「ホトケ」と呼んでいるが、それは死者の霊としての存在を「ホトケ」と呼んでいるのであり、また、人は、亡くなった人に対して葬送儀礼を行ない、亡くなった人の「ジョウブツ」を祈るのであるが、それは死者の霊としての存在に対して「ジョウブツ」を祈りつづけていると言える。あくまでも民俗における死者の霊としての存在が基本にあり、その霊としての存在を認めた上で、仏教が教義として伝承してきた「仏」や「成仏」という言葉を重ね合わせて用いてきたのである。

葬送儀礼の伝承において、その儀礼を仏教の僧侶が行なってきたということは、葬送儀礼の文化が仏教と重なり合う部分を見いだしたからであり、ある意味では、葬送儀礼の文化に普遍性を求めたからであると言うこともできるのである。人類の長い歴史において、死者を葬ることは深刻な問題であり、より普遍的な儀礼を求めることは当然のことと言える。「仏」や「成仏」という言葉は、仏教における最も重要な教義としての考え方を示しているのであり、その言葉を、民俗文化としての葬送儀礼において用いてきたということは、死者に対する葬送儀礼を最も重要な儀礼として認識していたことを意味しているのである。人は生きている限り、死後の世界を経験することはない。経験したことのない死後の世界は、不安であり、どのような世界なのか、ただ想像するだけの世界でしかないと言える。それだけに、死後の平安を願う気持ちは何よりも深刻であると言える。そのような素朴な民俗の思いは、仏教で説く「成仏」という重要な教義を表わす言葉を積極的に受け入れようとしたのだと考えられるのである。人は死後も生きつづけると考え、死後の平安を願う気持ちが、仏教が求める涅槃の世界に入るための「成仏」という教義にこそ憧れを抱いたのではないかと考えられるのである。素朴な民俗のこころは、心の平安を願う仏教の教えと見事に融合したと言える。民俗のこころが仏教の教えと融合することができたのは、民俗が仏教の教学的な理論に共鳴したのではなく、人びとの心の苦しみを除き、人びとの心の平安を願う思いにこそ共鳴したものと思われる。仏教で説く成仏は、心が平安であると同時に、仏として永遠に生きつづけることを意味している。人が経験したことのない未知なる死後の世界に対して永遠の安らぎを求める気持ちは当然のことと言える。

人は葬送儀礼を行なうことにより、生きている世界から死後の世界への橋渡しをするのであり、死後の世界へ旅立つ死者に対して、ただただ無事であり平安であることを願い、そのような意味での成仏を願っていると言えるのである。仏教の成仏という教えが、素朴な民俗のこころとして消化され、人びとの心に溶け込んでいったのである。もはや成仏という教えは仏教の教学的な理論から離れ、民俗的な概念としての成仏という考え方を形成していったのである。

日本の葬送文化として、死後の成仏は一般化され、葬送儀礼による死後の成仏は、民俗儀礼として完全に定着していると言える。その意味でも仏教の果たした役割は大きいと言える。それゆえ、もう一度、仏教の側から、民俗儀礼としての成仏を見直しておくことが大切なのではないか。仏教から民俗へ溶け込んでいった成仏という教えについて考えておきたい。

三　仏教の教えとしての成仏について

仏教が釈尊の悟りにもとづいていることは言うまでもない。釈尊は、六年にわたる苦行の後、菩提樹の下で坐禅を行ない、悟りを開いて成道することによって「仏」と成ったのである。すなわち、「成仏」したのである。仏教で言っている「成仏」というのは、釈尊が菩提樹下での坐禅により悟りを開いて「仏と成った」ということを意味している。仏道修行による「成仏」を意味しているのである。

釈尊の没後、釈尊がいかに偉大であったかを讃え、釈尊だからこそ成仏できたのであると主張されるようになっていくのである。そして、成仏への道のりは極めて長く、気の遠くなるような長い修行の過程を経なければ「成仏」することなど決してできないと主張されるようになる。釈尊の徳を讃えれば讃えるほど、きわめて険しい「成仏」への道のりが主張されるようになっていくことになる。今生での「成仏」は難しく、来世、来来世までの修行が強調され、三世にわたる修行を行なってこそ、はじめて「成仏」することができると主張されるようになる。

しかし、やがて大乗仏教が生まれると、「成仏」は遠いところにあるというのではなく、今生のあいだに「成仏」できる可能性が主張されるようになり、坐禅など仏道の修行にもとづく悟りが強調され、悟りにもとづく今生での「成仏」が主張されるようになるのである。また、釈尊の徳を讃え、釈尊は、なお今も「仏」として生きつづけていると信じられるようになるのであり、「仏」のいのちは永遠であると言われるようになる。はるか遠い先の「成仏」ではなく、今生での「成仏」が主張されるようになり、「成仏」した「仏」のいのちは永遠であると説かれるようになるのである。

仏教が中国へ伝承されると、やがて禅宗が生まれ、坐禅にもとづく仏道修行が強調されるようになる。それは坐禅にもとづく「成仏」が強調されていることを意味しているのであるが、その「成仏」の主体である「仏」について、どのように受けとめるか、大きな議論が展開されるようになる。坐禅によって「仏」を求めるのか、もともと「仏」であるとするのか、どのような立場で「仏」を受けとめるのか、禅宗の祖師のあいだで禅問答が展開されるようになる。はたして「成仏」が坐禅による修行の結果として得られるのか、それとも坐禅の修行の過程の中にこそ「成仏」を認めていくのか、坐禅と「成仏」をめぐって禅宗の祖師たちによる活発な問答が展開されるようになるのである。

やがて、禅宗は日本に伝承されるようになるが、日本に臨済宗を伝えるのは栄西禅師（一一四一—一二一五）であり、曹洞宗を伝えるのは道元禅師（一二〇〇—一二五三）である。曹洞宗を伝えた道元禅師は、坐禅をしているすがたこそが「仏」のすがたであり、坐禅修行をしているなかにこそ「成仏」があるとしている。それゆえ、修行の結果として「成仏」が得られるとする考え方については批判的な立場を示している。坐禅修行しているすがたこそが「仏」のすがたであり、そのすがたこそが「成仏」のすがたであるとするのであるが、そのはじめは、そのことを信じるところからはじまるのである。正信の坐禅である。道元禅師が説く「仏」は坐禅修行に対する正信にもとづくとされており、その正信の坐禅修行こそが、やがて決定の坐禅修行へと導かれていくことを主張するのである。すなわち、正信の坐禅から確信の坐禅へと導かれていくのである。それは「仏」を信じるところから「仏」を確信するところへと導かれていくことを意味している。道元禅師は、終始一貫して、坐禅修行にもとづく「仏」を主張しているのであり、坐禅修行にもとづく「成仏」を主張しているのである。

道元禅師が「正信の坐禅」による「成仏」から「決定の坐禅」による「成仏」へと導かれる坐禅を主張しているのは、坐禅の修行こそが大切であると考えているからであり、「正信の坐禅」から「決定の坐禅」へという一貫した坐禅を行なうこと以外に「成仏」はあり得ないと考えているからなのである。徹底した坐禅修行が強調されているのである。道元禅師は、厳しい坐禅修行にもとづく「成仏」を主張しているのであり、坐禅修行をおろそかにした人たちが言葉巧みに主張している「即心即仏」や「即坐成仏」という考え方については厳しく批判しているのである。坐禅修行という厳しい実践を伴わない「成仏」については認めていないのである。実践をおろそかにして、理論ばかりを主張する考え方については厳しく戒めているのであり、実践を伴っている理論、坐禅修行を伴った「成仏」をこそ主張しているのである。安易な成仏論については厳しく批判しているのであり、危険な方向へと陥ることのないように厳しく戒めていると言えるのである。

このように、仏教の教学としての「成仏」、宗旨としての「成仏」は、極めて厳しい実践にもとづいており、それだけに、仏教で説かれる「成仏」という教えは、仏教の教学や宗旨の根幹をなしている教えであると言えるのである。

仏教における教学としての「成仏」、宗旨としての「成仏」を考えるかぎり、人が死ぬという事実だけでは決して「成仏」するということは言えないのであり、そのかぎりにおいて、厳しい坐禅修行を伴わない葬送儀礼だけで「成仏」へと導くことなど決してできることではないと言わなければならないのである。

すでに述べたように、道元禅師が坐禅修行を強調していることは言うまでもないことである。その坐禅修行を強調するために、証りに裏づけられた修行である「証上の修」としての坐禅を主張し、そのために悟りを待つとする「待悟」という考え方を退けているのである。

道元禅師は「悟り」に対しては極度に警戒感を示しているのである。それは、悟りを、何か実体的な存在、霊的な存在として理解してしまうことへの警戒感とも言えるのである。それゆえ、心は永遠であると主張する「心性常住説」という考え方、人は死んでも心は永遠に存在しつづけるが身は朽ちてしまうと主張する「心常相滅論」という考え方については厳しい批判を展開している。霊的な存在を認めてしまうことは、「悟り」ということを、何か霊的な存在として誤解してしまうことになり、そうすれば、道元禅師が主張している「証上の修」としての坐禅修行が徹底されないことになってしまうことになり、そうなることへの危機感にもとづいているものと考えられるのである。霊的な存在を認めることへの批判的な立場こそが、道元禅師の立場であり、宗旨の立場であると言える。

道元禅師が主張している心常相滅論への批判を考えた場合、亡くなった人の霊を前提とした葬送儀礼を行なうことには難しい問題を含んでいると言わなければならない。葬送儀礼を行なう僧侶が霊の存在を前提にしないと考えていたとしても、遺族の立場は異なっていると言える。遺族は、亡くなった人の死後世界での存在、霊としての存在を信じて葬送儀礼を行なっていると言えるのである。霊的な存在を否定する仏教の教学的な立場を強調すればするほど、亡くなった人の霊としての存在を信じている遺族の立場とは懸け離れていくことになってしまうのである。そのように考えるからこそ、次第に葬送儀礼を行なうことへの疑念が生まれてくることにもなると言えるのである。だからといって、仏教の教学を短絡的に霊的存在を認める立場へと変えてしまうというわけにもいかないのであり、仏教の教学的な立場を受け継ぎながらも、人びとの思いをも受け入れていかなければならないのである。

人びとが人の死に出会うときには、人の世の命には限りのあることを知り、死んだ後は、死後の世界に旅立つと考えてきたのである。この世での生を終え、そして死を迎え、人の身は朽ちていくのであるが、人の心、人の魂は、死後の世界におもむき、死後も生き続けると考えてきた。それを人は「霊」と呼んできたのである。または「霊的な存在」として考えてきたのである。たとえ人が死んで身が朽ちてしまっても、人の魂は永遠に生きつづけると考えてきたのである。そのように考えることにより、人は死後の不安に対する救いを求めてきたと言えるのである。

しかし、前に述べた仏教の教学にもとづく立場、道元禅師の主張によれば、人が死に身が朽ちても人の心が永遠に生きつづけるという考え方を「心常相滅論」として批判し退けているのである。このことからも、人びとの思いと仏教の教学にもとづく立場には大きな隔たりがあると言わなければならないのである。しかし、そうは言っても、人びとは人の死後も霊として存在すると信じ、亡くなった人のことを想い、亡くなった人に対して語りかけることを忘れることはない。そのような事情を知ればこそ、仏教の教学や宗旨にもとづく立場を知りながらも、人びとの葬送儀礼を行なう僧侶たちは亡くなった人を想う人びとの心情に心を寄せてきたと言えるのである。それこそが、仏教が主宰する葬送儀礼なのである。

人が亡くなると、人は死後世界へ旅立つと考え、死者を鄭重に送り出すために葬送儀礼を行なってきたのである。人の心は永遠に生きつづけると信じ、人は死んだ後も霊として生きつづけると信じているのである。霊として存在しつづけていることを信じているからである。霊として存在することを信じているからこそ、そして、人は永遠に霊として生きつづけると信じているからこそ、鄭重に葬送儀礼を行なう文化が今日まで伝承されつづけてきたと言えるのである。永遠に生きつづける「霊」としての存在は、人びとにとって、なくてはならない存在なのである。人類の歴史において、葬送儀礼の文化は、今日まで受け継がれてきた貴重な伝承であると言うことができるのである。

四　民俗に寄り添う仏教の葬送儀礼

今日、仏教寺院の住職である僧侶が行なっていることは、檀信徒の葬儀や法事が中心であることは言うまでもない。禅宗の一宗である曹洞宗が行なっている葬送儀礼は、曹洞宗で伝承されている葬儀法にもとづいて行なわれている。日本の葬送儀礼は日本の文化のなかで伝承されてきたとは言え、日本の仏教寺院の僧侶が行なっている葬送儀礼は仏教の教えにもとづいて行なわれているものである。仏教寺院のなかで曹洞宗の寺院の僧侶は、『曹洞宗行持軌範』に規定されている葬儀法によって檀信徒の葬儀を行なっているのであるが、その葬儀法は中国の禅宗が用いていた『禅苑清規』のなかの「葬儀法」にもとづいている。仏教の伝統のなかで、仏教の教えにもとづいた葬儀が行なわれてきているのである。

現在、曹洞宗が行なっている檀信徒に対する葬送儀礼は、まず最初に「葬送の辞」を唱え、そのあと引きつづき、檀信徒を僧として送りだすために「授戒」のための儀礼を行なうのである。それは「没後作僧」といわれる葬法である。そして、次に「念誦回向」を唱えるという構成になっている。まず最初の「葬送の辞」のなかには、

それ仏家の葬送は、釈迦牟尼世尊、そのかみ沙羅樹林平安の大涅槃になぞらえ、厳飾供養すべてその因縁を尊ぶ。

と唱えるくだりがある。仏教が伝統的に継承してきた葬送儀礼は釈尊の入滅涅槃になぞらえて厳粛に行なう儀式であることが示されているのである。

とは言うものの、仏教が伝統的に継承してきた葬送儀礼とは言っても、それは建て前とし

ての葬送儀礼であり、人びとの意識は異なっている。檀信徒である人たちは、人びとのなかで伝統的に継承されてきた葬送習俗としての葬送儀礼の慣習にもとづいて行なわれているのであり、それは日本各地において、さまざまに伝承されている。それは民俗と呼ばれており、さまざまな葬送習俗にもとづいて葬送儀礼が行なわれているのである。

仏教の儀礼にもとづいて葬送儀礼を行なっているとは言え、檀信徒の人たちは、死後も死者の魂は生きつづけていることを信じて葬送儀礼を行なっているのである。日本各地に伝承されている、さまざまな「魂呼び」の習俗、人が亡くなると供える「枕団子」や「枕飯」の習俗、葬送儀礼を行なうときに供える「シカバナ」の習俗など、今日も受け継がれて行なわれている葬送習俗には、亡くなった人が死後も霊としての存在として生きつづけていると信じているのであり、その霊としての存在に対する、人びとの素朴な思いが込められているのである。

亡くなった人を死後の世界へ送りだす葬送儀礼は、亡くなった人の近親者や近隣の人びとによって行なわれ、その地域に古来より伝承されている葬送習俗にもとづいて準備され行なわれる。日本では伝統的に葬送儀礼は仏教の儀礼で行なわれていたこともあり、民俗儀礼としての葬送習俗とは言え、仏教との関係にもとづいている習俗であると言える。

人が亡くなると、その家ではすぐに団子を作って、亡くなった人の枕元に供えるのである。

これを「枕団子」と言っている。地域によって呼び方も異なり、亡くなってすぐに準備しなければならないことから「早団子（ハヤダンゴ）」、枕元へ供えられることから「枕供（マクラグ）」、野辺送りのときに墓地へもっていくことから「野団子（ノダンゴ）」、急いでいるから蒸さないで生のまま作るところから「生団子（ナマダンゴ）」など、さまざまな呼び方がなされている。亡くなった人に供えられた枕団子は、一連の儀礼を終えたあと、以前は墓地に供えられたこともあったのであるが、最近では棺のなかに収められることが多い。

この枕団子は、死者があの世へ旅立つときの弁当になると言われており、あるいは、死出の旅の途中、お腹をすかせた人に分け与えて、功徳を積みながらあの世までいけるように、といった願いを込めてお供えするとも言われている。また、亡くなった人が善光寺にお参りするための弁当であるという伝承がある。あるいは、人が亡くなると、死後すぐに善光寺にお参りするので、その死者の霊が帰ってくるまでに枕団子を作っておかねばならないとも言われている。その場合、この枕団子は善光寺から帰ってきた死者の霊が食べる食事にあたると考えられる。地域により、さまざまに伝承される枕団子であるが、このような葬送習俗には、その根底に亡くなった人に対する遺された人びとの切実な想いが込められていると言えるのである。

また、人が亡くなると、枕団子と同じように、すぐにその枕元に山盛りの飯を供える習俗がある。それを「枕飯」と言う。また、それを「一膳飯」とも言う。地域によっては、「イッパイメシ（一杯飯）」、「ジキノメシ」、「ハヤオゴク」、「ゲダキノママ」、「ユウゴメシ」、「シニベントウ」、などとも呼ばれている。

その枕飯には一膳の箸を突き立てたり横たえたりするのが特徴である。かつては、近親の人、あるいは近隣の組の人が、亡くなった人が生きているときに使っていたお茶碗で一杯分の米をはかり、庭先に設けた別竈で炊いていたようである。そして、炊いたご飯は残さないように盛りつけたと言われている。しかし、今日では、特別な炊き方ではなく、普通に炊飯器で炊いて枕飯を作っている。あるところでは、枕飯は少量の米を炊き、少しでも残らぬように盛りつけて供えているが、残すと亡くなった人のために悪いという言い伝えがあるからだとされる。米を計るときに升の上をすり切って計り、炊いただけは一粒残らず盛りつけるという慣習も、広く共通して行なわれていると伝えられている。このようにするのは、亡くなった人にお供えするご飯であるために、他の人に分け与えないことを強調していると言える。枕飯が高く盛りつけることや、枕飯に箸を立てたり、そえたりすることも、同じ趣旨にもとづいていると言える。

このように、枕団子や枕飯の慣習については、葬送習俗として広く人びとのあいだで行なわれているのであるが、仏教の伝統では、これは釈尊の臨終の故事にもとづくとされている。

『大般涅槃経』の第一巻には、臨終にある釈尊が、天女や魔王たちなどから供養の申し出を受けながら、ことごとく辞退して受食されなかった場面が記されているが、その最後に無辺身菩薩が登場し供養を申し出て、釈尊に食べ物を差しあげるという話が載せられている。それは、

その時に無辺身菩薩、及びその眷属、設くる所の供養、前に倍勝して仏所に来至し、仏足に稽首し、合掌恭敬して、仏に白して言さく、「世尊、唯願くは、哀愍して我等の食を受けたまえ」。如来は時を知りて、黙然として受けたまわず。是の如く三請するも、ことごとくまた受けたまわず。（原漢文）

と記載されているところである。ここでは、無辺身菩薩が「香飯《きょうはん》」を持って来て釈尊に差しあげたが、釈尊は自らの死期を知って受食されなかったことが記されている。このとき釈尊に供養した食べ物は、この『大般涅槃経』では「香飯」という言い方がされており、「枕団子」や「枕飯」とは記されていないのであるが、このところが「枕団子」や「枕飯」の典拠とされているのである。人びとは、人が亡くなると、亡くなった人に対して、まずお団子やご飯を供えるようになったと言われているが、その根拠を、『大般涅槃経』の「香飯」に求

めているのと言えるのである。仏教で行なう葬送儀礼は、民俗の伝承とは言え、仏教の経典に、その依りどころを求めているのである。このことは、仏教を伝える人たちが、民俗のなかに生きていることを示しているのであり、亡くなった人を想い、その遺族を想い、人びとの想いに寄り添っていると言うことができるのである。

また、亡くなった人に対して葬送儀礼を行なうとき、その祭壇に「シカバナ」を供える伝統的な葬送習俗がある。「シカバナ」は「四ヶ花」とも書かれるが、紙華、四華、四花、死華とも書かれている。この「シカバナ」は台や花瓶に四本の「シカバナ」を挿し、祭壇に祀っている位牌の両側に対になるように供えている。人が亡くなると、近隣の人たちが集まり、葬送儀礼に必要なものを作りはじめる。それは、その地域に伝わる伝統的な慣習でありある習俗なのであるが、そのなかに「シカバナ」も含まれている。

この「シカバナ」については、日本の各地で、さまざまな意味づけがなされ、葬送習俗として用いられているのであるが、それは亡くなった人のことを想い、亡くなった人の「ジョウブツ」を願って、さまざまな形で伝承されてきたものと思われる。この「シカバナ」について、仏教における伝承としては、多くの場合、釈尊が入滅されたとき、沙羅双樹が白色に変じたという故事になぞらえて説明されている。確かに、北伝として伝わる漢訳の『大般涅槃経』には、釈尊が入滅されたとき、沙羅双樹が白色に変じたとされている。ところが、南伝では、釈尊入滅のとき、沙羅双樹に花が咲いたとされている。そのときの沙羅双樹の花の色は「緑黄色」と言われているのであるが、南伝には、花が咲いたとあるだけで、花の色については記されていない。沙羅双樹が白色に変じたという故事は、北伝の伝承であると言える。すなわち、北伝として漢訳された『大般涅槃経』には、釈尊入滅の様子を、

沙羅樹林は四双八隻、西方の一双は如来の前にあり。東方の一双は如来の後にあり。北方の一双は仏の首にあり。南方の一双は仏の足にあり。そのとき、世尊は沙羅林下の宝床に寝臥す。その中夜に第四禅に入って寂然として声なし。このとき、すなわち般涅槃す。大覚世尊、涅槃に入りおわって、その沙羅林の東西二双を合して一樹となし、南北の二双を合して一樹となす。宝床を垂覆して如来を蓋う。その樹、即時に惨然として白に変ずること、なお白鶴の如し。枝葉花果皮幹、悉く皆な爆裂して堕落す。漸漸に枯悴し摧折して余りなし。(原漢文)

と伝えている。釈尊が涅槃に入られたとき、すなわち釈尊が入滅されたとき、悲しみのあまり、周囲の沙羅双樹は白色に変じたというのである。この釈尊が入滅されたときの記述にもとづいて、白色に変じた沙羅双樹になぞらえて、「シカバナ」を亡くなった人に捧げるよう

になったとされている。これは古くより伝承されている話である。

日本の仏教寺院には釈尊の「涅槃図」が備えられているのであるが、その「涅槃図」には、二本で一対となった沙羅双樹が四対八本の「四双八隻」として描かれている。高野山に伝わる「涅槃図」は平安時代の作であり日本で現存する最古のものであるが、そこには、「四双八隻」の沙羅双樹が般涅槃した釈尊の四方に正しく配置され、四本の白色に変じ枯れた沙羅双樹と四本の青々と茂っている沙羅双樹の「四枯四栄」のさまを忠実にあらわすため、四本を白色に、四本を青色に塗り分けられている。

このように、仏教寺院の僧侶は、亡くなった人に対する人びとの素朴な民俗の思いを温かく受け入れてきたのである。だからこそ、仏教が行なってきた葬送儀礼の伝統は今日まで脈々と受け継がれてきていると言えるのである。このことは、取りも直さず、仏教を伝えてきた僧侶が人びとと共に生きていることを示しているのである。

五　仏教の柔軟性

人びとは死後も霊的な存在として生きつづけると考えてきたのであり、あくまでも亡くなった人の霊を認めることが基本にあると言える。そのような状況のなかで、人びとは、亡くなった人のことを「ホトケ」と呼び、亡くなった人の「ジョウブツ」を願いつづけてきたのである。このことは何を意味しているのか。それは、人びとが、死後の存在を霊的な存在として認めながらも、立場を異にする仏教が伝承してきた教学としての「仏」や「成仏」という教えを、人びとの救いとして、その意味はともかくとして、その言葉の発音だけでも重ね合わせるようにして用いてきたことを意味しているのである。

仏教には「二諦」の教えがある。真実は二つあるという教えである。それは「世俗諦」と「第一義諦」である。この「二諦」の教えは『中論』巻第四「観四諦品」に説かれている。『中論』は仏教の基本書であり、そこに説かれている教えは、仏教の基本的な教えであると言える。

そこには、

諸仏は二諦に依りて、衆生の為めに法を説く、
一には世俗諦を以ってし、二には第一義諦なり。
若し人、二諦を分別するを知ること能わずんば、
則ち深仏法に於いて、真実義を知らず。
……中略……

若し俗諦に依らざれば、第一義を得ず、
第一義を得ざれば、則ち涅槃を得ず。（原漢文）

と説かれている。

「世俗諦」とは世俗の真実であり、「第一義諦」とは第一義の真実である。世俗の世界には世俗の世界の真実があり、出家の世界には出家の世界の真実がある、ということである。もちろん、仏教が目指すのは「第一義諦」である。しかし、その「第一義諦」は「世俗諦」によらなければ得ることができないのである。人びとは世俗の世界に生きているのであり、その世俗の世界から第一義の世界を目指すのである。それゆえ、第一義の世界に到達した人は、それまで生きてきた世俗の世界をも知っている人なのである。すなわち、「第一義諦」を知る人は「世俗諦」をも知る人なのである。

人びとが生きている民俗の世界は、仏教で説かれる「世俗諦」のことを意味していると言えるであろう。仏教の教学や宗旨の「第一義諦」を知る人は、人びとが生きている民俗の世界としての「世俗諦」を知る人なのである。それゆえ、仏教が伝承してきた教学としての「仏」や「成仏」という教えが、亡くなった人が死後も霊的な存在として生きつづけるとする民俗の世界で、亡くなった人を「ホトケ」と呼び、亡くなった人の「ジョウブツ」を願いつづけるという意味で用いられることに何の問題もないのであり、それこそが仏教の教えにもとづいているとも言えるのである。

葬送儀礼の伝承において、その儀礼を仏教寺院の僧侶が行なってきたということは、葬送儀礼の文化が仏教の教えと重なり合う部分を見いだしたからであり、そのことは、ある意味で葬送儀礼の文化に普遍性を求めたからであると言うことができるのである。人類の長い歴史において、死者を葬ることは深刻な問題であり、より普遍的な儀礼を求めてきたことは当然のことと言える。「仏」や「成仏」という概念は、仏教における最も重要な教えであり、その概念を、人びとが伝承してきた葬送儀礼の文化において用いてきたということは、亡くなった人に対する人びとの思いがいかに深いものであるかを物語っていると言えるのである。仏教で説く「成仏」は、心が平安であると同時に、「仏」として永遠に生きつづけることを意味している。仏教の教学で用いる「仏」や「成仏」は漢字で表記しており、亡くなった人に対する民俗の立場としては片仮名で「ホトケ」や「ジョウブツ」と表記しているのであるが、人びとは決して区別して用いていたのではないと思うのである。人が経験したことのない未知なる死後の世界に対して永遠の安らぎを求める気持ちで用いてきたと言える。それは当然のことと言えるのである。

人びとが亡き人の「ジョウブツ」を願うという考え方は一般化されており、葬送儀礼による死者供養として、日本の葬送文化として完全に定着していると言える。その意味でも仏教の果たした役割は極めて大きいと言えるのである。

このように、人びとが願う民俗としての「ホトケ」や死者の「ジョウブツ」が、仏教における教学としての「仏」や「成仏」と乖離するのではなく、両者の視点を共に認めあうことが極めて重要なことであると言える。仏教の教学と人びとの民俗の両者が乖離するのではなく、それぞれの立場を認めあうことこそが、人びとの救いになることにつながるものと考えられるのである。それは、人びとが生きる民俗の世界を、仏教の教学の立場が認めているからであり、仏教の「二諦」の教え、「世俗諦」と「第一義諦」の教えにもとづいていると言えるのである。そのことこそが「仏教の知恵」と言えるのである。

あとがき

二〇一九年は日本にとって輝かしい時代であったと思う。新天皇の誕生、令和元年の年、ラグビーワールドカップの日本開催と日本選手の活躍など、その中で何といっても一一月下旬におけるバチカン市国の元首、フランシスコ教皇の訪日ではなかっただろうか。教皇は超多忙な中、長崎、広島、東京と訪れ、特に長崎と東京では、荘厳な教皇ミサが捧げられた。多分、教皇は、愛する日本と日本人のために、「神は愛である。主イエスは救い主である。そしてキリストは生きている」というメッセージを繰り返されたにちがいないと確信する（使徒的勧告『キリストは生きている』二〇一九年九月二日、カトリック中央協議会、参照）。

さて話題は変わるが、わたしは今年の九月中旬、千葉県とその周辺に甚大な災害を及ぼした台風一五号が去った後、取材を兼ね、初めて伊豆半島の南端にある下田に旅をした。素晴らしい天候に恵まれ、下田に残された幕末・明治の遺跡を見学してきた。例えば、浦賀沖に現れたペリー総督が、その後米艦隊を率いて下田に上陸し、開港を迫って一八五四年（嘉永七年）に条約を締結し、即時開港となった下田港に上陸。そこには上陸記念公園がある。会談が行われたと思われる了仙寺までは、歩いて約四〇〇メートルある。これは通称、ペリーロードと呼ばれる。

「泰平の眠りをさます蒸気船　たった四はいで夜も眠れず」と歌われた下田。

まさに、下田は日本の異文化交流の歴史が始まった土地であった。この有名な歌は、蒸気船を上喜撰（上等な茶の銘柄）にかけて、黒船の出現が約二五〇年も続いた鎖国の夢を覚ました衝撃的な出来事であったことを「夜も眠れなくするほどの衝撃だった」と表したのである。千石船と比べて二〇倍以上もの巨大な蒸気船が下田に来航し、日米和親条約付録下田条約が締結されたのだから、この下田の地こそが、異文化交流発祥の地といえるのではないだろうか。この二年後に初代アメリカ駐日総領事ハリスがやってきて、日米交流の歴史が始まった。ハリスは、この地で総領事としての仕事をしたわけである。が、その時、斉藤きちという芸妓が、侍妾として三回だけハリスに奉公しただけであるが、唐人《とうじん》お吉《きち》として世間の罵声と嘲笑を浴びた。その後さまざまな苦労を重ねているうちに貧困の中に身をもちくずし、明治二四年三月二七日の豪雨の夜、遂に川に身を投げ、自らの命を絶ったのである。波乱に満ちた悲しい五一歳の生涯であったと思う。お吉は身よりもなかったので、憐れと思われた宝福寺の第一五代竹岡大乗住職が慈愛の心で法名「釈貞歓尼《しゃくじょうかんに》」を贈り、境内に丁重に葬った。

その後、芸能人などからの寄進もあり、立派な墓石が立っている。その墓の前に立った時、わたしは、お吉の悲劇的な生涯を想うと共に、人間がいかに偏見と権力と強欲、その底に罪業の可能性と愚かさを秘めているかを感じたのである。日米和親条約によって日本最初の開港場となった下田には、また、ペリーにハリスにプチャーチン、吉田松陰、勝海舟、山内容堂、坂本竜馬など幕末の有名人が皆やってきている。彼らの遺品や手紙などは博物館に展示されているが、それを見ていると、下田が日本の近代化に向けての揺籃の地ではなかったかと思う。例えば、文久二年（一八六二）三月、坂本龍馬は土佐を脱藩した。が、翌文久三年（一八六三）一月、嵐のために下田港に避難していた土佐藩の船と幕府の船が、偶然にも出会った。土佐藩の船には前土佐藩主の山内容堂が乗っていたし、幕府の船には勝海舟が乗っていたので、この下田でお二人は出会い、勝海舟の執り成しによって、脱藩中の龍馬は勝の弟子でもあったので、万福寺で談判した結果、脱藩の罪を赦してもらったのである。その時から、竜馬は気兼ねなく世に羽ばたくのであった。だから、伊豆下田は龍馬にとって「飛翔の地」であったわけだ。

また、吉田松陰（一八五九年一一月二一日、満二九歳没）が、沖合に停泊していた黒船に密航を企てて乗り込もうとしたのは、この下田の地であった。彼は捕らえられて返され、牢に入れられるが、後で許され、故郷、松江に帰り松下村塾で、有能な人物を多数育てられたのである。また、勝海舟を館長とする咸臨丸《かんりんまる》も米国を目指してこの下田から出港した（以上、「下田開国博物館」の資料、ならびに、宝福寺「唐人お吉記念館」の資料より）。

さて、快晴に恵まれた下田のホテルで、朝、瞑想をかねてベランダにある椅子に腰掛けていた。上を仰げば、太平洋の東方の空に燦然と輝く太陽、東から吹いてくる心地よい秋風、眼下には太平洋から下田港の方に打ち寄せる紺碧の海の波、三位一体の神を現すかのような光景に、我を忘れていた。すべてにおいてすべてが神の顕現であることを信じているわたしは、こうした神の傑作を、与えられた知恵で観照し、味わい、経験したいと心から願っている。皆がそうした境地に達したならば、宇宙もまた神の国の顕われに変容するにちがいない。本書がそのささやかな一助になれば、この上なき喜びである。

執筆された著者の諸先生には改めて感謝申し上げると共に、本書の出版にあたり、何から何まで完璧に取り計らってくださった教友社の阿部川直樹社長に対し、深甚の謝意を表したいと思う。

これからは著者の先生方ばかりでなく、読者の皆様も、文書伝道の一翼を担って欲しいと願っている。なぜなら、天賦の知恵に目覚めることが、真の幸福と救いの源泉だからである。無智や愚かさは地獄（比喩的な用語）の道であり、悟りと叡智こそが、救いの道だからである。それに目覚めるには、学びも修行も必要なのだ。人生はそれをお膳立てしている場ではなかろうか。

令和元年（二〇一九）九月三〇日

編著者

プテンカラム・ジョンジョセフ（John Joseph Puthenkalam）

イエズス会司祭。1956年、インド生まれ、1976年イエズス会入会、1986年来日、1992年司祭叙階。1996年経済学博士、現在上智大学教授・経済学部経済学科と大学院地球環境学研究科。
著書：『地球環境学Ｉ　アジアの開発と環境』（共著、上智大学地球環境研究所）、『持続可能な開発をめざして』（エーエフジェイ出版部）

ルカ・ルサラ・ル・ヌ・ンクカ（Luka Lusala lu ne Nkuka）

イエズス会司祭。1965年、コンゴ民主共和国に生まれる、1989年イエズス会員、2008年イタリアのグレゴリアン大学にて福音宣教博士号、現在は聖ピオ十世会ムルヘサ神学校教授（コンゴ民主共和国ブカヴ）、上智大学客員教授として教鞭を執る。

粟谷　良道（あわや・りょうどう）

1953年滋賀県生まれ。駒澤大学仏教学部卒、同大学院人文科学研究科博士課程満期退学。曹洞宗宗学研究所研究員、曹洞宗総合研究センター専任研究員、同・主任研究員を経て、2014年3月に退職。現在は、駒澤大学講師、早稲田大学エクステンションセンター講師、曹洞宗祇樹院住職。専門分野は禅学、仏教学。
著書：『道元引用語録の研究』（共編、1995年、春秋社）、『観音経読み解き事典』（共編、2000年、柏書房）、『禅語録傍訳全書』第7-9巻（編著、2001-2002年、四季社）、『葬祭』（共著、2003年、曹洞宗総合研究センター）、『僧侶』（共著、2008年、曹洞宗総合研究センター）など。

デ・ルカ・レンゾ（De Luca Renzo）

イエズス会司祭。上智大学文学部哲学科、上智大学大学院神学科卒。九州大学大学院国史学科研究科修了。元日本二十六聖人記念館館長。キリシタン史専門。現在、イエズス会日本管区管区長。
著書：『旅する長崎学（1）』（共著、長崎文献社)、『神に喜ばれる奉仕　十二人の信仰論』（編著、サンパウロ)、『祈り』、『愛』、『希望』、『癒し』（編著、教友社)。

ホアン・アイダル（Juan Haidar）

イエズス会司祭。上智大学神学部教授。専攻は現代哲学、ユダヤ思想。
論文：「善人の希望――W・ベンヤミンの歴史観」『希望に照らされて』（日本キリスト教団出版局)、「ユダヤ教におけるメシア理念の理解」『宗教的共生の展開』（教友社）など。

長町　裕司（ながまち・ゆうじ）

イエズス会司祭。上智大学哲学研究科、神学研究科修士課程修了。哲学博士（ミュンヘン哲学大学)。上智大学文学部哲学科教授。専攻は宗教哲学、近現代ドイツ哲学・キリスト教思想史。
著書：『宗教的共生の展開』、『宗教的共生と科学』（共著、教友社)、『人間の尊厳を問い直す』（共著、SUP 上智大学出版)、『エックハルト〈と〉ドイツ神秘思想の開基』（春秋社)、『ドイツ神秘思想〈と〉京都学派の宗教哲学』（教友社）など。

タッド・ゴンサルベス（Tad Gonsalves）

イエズス会司祭。上智大学理工学部教授。専門は情報理工学。上智大学工学博士、宇宙物理学修士、神学修士（STL)。人工知能、深層学習、計算的知能等を研究。
著書：「Artificial Intelligence: A non-Technical Introduction」（Sophia University Press, 2017）他、国際学会論文発表や、学術ジャーナル論文も多数。

著者紹介（掲載順）

越前　喜六（えちぜん・きろく）

イエズス会司祭。上智大学哲学研究科および神学研究科修士課程修了。上智大学文学部教授を経て上智大学名誉教授。専攻は人間学・宗教学。
著書：『多神と一神との邂逅――日本の精神文化とキリスト教』（共著、平河出版社）『人はなんで生きるか』（聖母の騎士社）、『わたしの「宗教の教育法」』（サンパウロ）、『神に喜ばれる奉仕』（編著、サンパウロ）、『祈り』、『愛』、『希望』、『霊性』（編著、教友社）。

角田　佑一（つのだ・ゆういち）

イエズス会司祭。神学博士。上智大学神学部常勤嘱託講師。専門分野は教義学、エキュメニズム、諸宗教の神学、諸宗教対話。
論文：「清沢満之『臘扇記』における『意念』の内的構造」（『宗教研究』93巻1号、2019年）、「イエスの内面的成長についてのキリスト論的考察――ペルソナと意識の関係」（原敬子、角田佑一編著『「若者」と歩む教会の希望　次世代に福音を伝えるために』日本キリスト教団出版局、2019年）。

髙山　貞美（たかやま・さだみ）

聖心布教会司祭。南山大学大学院文学研究科神学専攻修士課程修了。グレゴリアン大学大学院神学研究科博士課程修了。現在、上智大学神学部教授、上智社会福祉専門学校長。
共著書：『福音の喜び』、『希望に照らされて』、『信とは何か』、『あなたの隣人はだれか』（以上、日本キリスト教団出版局）、『宗教的共生の思想』(教友社)。

梶山　義夫（かじやま・よしお）

イエズス会司祭。上智大学文学部史学科卒業、上智大学哲学研究科および神学研究科博士前期課程修了。現在、イエズス会社会司牧センターおよび旅路の里所長。
監訳書：『イエズス会会憲　付　会憲補足規定』（南窓社）、『イエズス会教育の特徴』（ドン・ボスコ社）。

知恵——真人への道——

発行日………2019年11月11日 初版

編著者………越前喜六
発行者………デ・ルカ・レンゾ
発行所………イエズス会管区長室
102-0083 東京都千代田区麹町6-5-1
TEL03(3262)0282　FAX03(3262)0615
発売元………有限会社 教友社
275-0017 千葉県習志野市藤崎6-15-14
TEL047(403)4818　FAX047(403)4819
URL http://www.kyoyusha.com
印刷所………株式会社モリモト印刷

ISBN978-4-907991-57-9　C3016